Gunda Frey
Kindern geben, was sie brauchen

GUNDA FREY

Kindern geben, was sie brauchen

Wie sich Kinder frei und selbstbewusst entwickeln

Kösel

Sollte diese Publikation Links auf Webseiten Dritter enthalten,
so übernehmen wir für deren Inhalte keine Haftung,
da wir uns diese nicht zu eigen machen, sondern lediglich
auf deren Stand zum Zeitpunkt der Erstveröffentlichung verweisen.

Verlagsgruppe Random House FSC® N001967

Copyright © 2020 Kösel-Verlag, München,
in der Verlagsgruppe Random House GmbH,
Neumarkter Str. 28, 81673 München
Umschlag: Weiss Werkstatt, München
Umschlagmotiv: © getty images / Catherine Delahaye
Außenredaktion: Dr. Daniela Gasteiger, München
Satz: Greiner & Reichel, Köln
Druck und Bindung: GGP Media GmbH, Pößneck
Printed in Germany
ISBN 978-3-466-31140-8
www.koesel.de

Dieses Buch ist auch als E-Book erhältlich.

Inhalt

Erstes Kapitel
Why – Warum dieses Buch?   9
Echt jetzt?   9
Warum schreibe ausgerechnet ich dieses Buch?   21
Was hast du davon?   31
Was hat dein Kind von diesem Buch?   39

Zweites Kapitel
Emotionen als Basis für eine gute Entwicklung   45
Liebe   46
Grundbedürfnisse   51
Bedürfniserfüllung – Was braucht es dazu?   66

Drittes Kapitel
Verstehe das Kind   79
Anerkennung des Seins und der Einzigartigkeit   80
Gesehen werden   84
Offenheit   87
Erlaubnis   89
Sicherheit   91
Klarheit   93
Special:
Umgang mit digitalen Medien   98

Viertes Kapitel
Verstehe dich selbst   113
Die eigene Biografie   114
Verantwortung   122
Vertrauen   124
Reflektierte Eltern   128
Special:
Schule – Eltern und Lehrer,
die die Perspektive wechseln können   135
Die Rückkehr zum positiven Denken   143
Die Macht der Worte   145

Fünftes Kapitel
Praktische Umsetzung und Methoden   149
Freiraum zur Entfaltung   149
Logische Konsequenzen   154
Special:
Was Bestrafung beim Kind auslöst   166
Routinen und Rituale   176
Motivation   180
Anleitung   185
Gefühle leben   188
Unterstützung und Hilfe   193
Schützender Rahmen   196
Verlässlichkeit   197
Sexuelle Aufklärung   200

Was nun?   209
Nachwort von Michael Ehlers   213

*Für Lilly, Ben und Jason
Danke für alles!*

Erstes Kapitel

Why – Warum dieses Buch?

*»Ich habe nachgemessen.
Mein Kind ist großartig.«*

»Mama, warum darf die Polizei bei Rot über die Ampel fahren?«
»Warum hat deine Freundin so viele Löcher im Gesicht?«
»Warum ist es nass draußen, obwohl es nicht geregnet hat?«

Kinder fragen uns sprichwörtlich Löcher in den Bauch. 90 Prozent aller Fragen fangen mit »Warum« an. Kinder entdecken so die Welt, verstehen sich dadurch selbst im Zusammenhang mit allem anderen. So soll genau diese Frage hier am Anfang stehen. Denn letztendlich hat dieses Buch ein Ziel: Das Wohl unserer Kinder.

Echt jetzt?

Noch ein Erziehungsratgeber? Muss das denn sein? Vielleicht war das Ihr erster Gedanke. Und dennoch halten Sie dieses Buch jetzt in Ihren Händen. Vielleicht wissen Sie noch nicht, ob Sie es kaufen sollen, und blättern gerade einmal darin herum. Oder Sie sind wild entschlossen und haben es bereits gekauft. Egal wie es ist, dahinter steckt der gleiche Wunsch: Es richtig machen zu wollen. Also, das mit der Kindererziehung. In Ihnen wohnt der leise Wunsch, Ihre Kinder so zu begleiten, dass sie später als Erwachsene in der Lage sind, ihr Leben zu meistern, oder? Warum aber fällt es uns oft so schwer?

Ich weiß noch: Als ich Mutter geworden bin, war meine erste Ratgeberin eine Hebamme. Sie war einfach nur wundervoll. Sie hat mich sehr gut informiert und motiviert. Ich dachte, ich wäre auf alles vorbereitet. Die Geburt war dann aber doch so ganz anders als erwartet. Geplant war eine Hausgeburt. Geworden ist es ein Kaiserschnitt mit Vollnarkose. Kinder halten sich oft nicht an unsere Pläne. Da lag ich also im Krankenhaus mit Schmerzen aufgrund der Operation, konnte mich kaum bewegen, war aber gut informiert. Ich wusste genau, was ich wollte und was nicht. Nur leider sah das Pflegepersonal das alles ganz anders. Eine Krankenschwester kam in mein Zimmer, nahm meinen Sohn und wollte mit ihm entschwinden. Daraufhin protestierte ich so laut, wie ich eben konnte. Entnervt kam die Schwester zurück, um mir mitzuteilen, dass mein Sohn nun die Standarduntersuchung bekomme. Auf meinen Einwand »Nur in meinem Beisein« reagierte sie mit einem verächtlichen Blick, nach dem Motto: »Die Frau kostet mich nur Zeit, sie tut ja so, als ob ich ihr Kind umbringen wollen würde«. Ich bestand dennoch darauf, dabei zu sein. Als ich sah, welche Standarduntersuchung gemeint war, war ich heilfroh über meine Entscheidung. Mein Sohn wurde mehrfach zur Blutabnahme in die Ferse gepiekt. Er schrie wie am Spieß. Natürlich wollte ich dabei sein, ihn trösten, ihm Mut zusprechen und sagen, dass alles gleich vorbei sein würde. Von da an war ich beim Pflegepersonal unten durch. Ich bekam keine Hilfe oder Unterstützung mehr, vermutlich dachten sie: »Die weiß ja eh alles besser.« Nein, wusste ich nicht. Es war mein erstes Kind und ich war genauso verunsichert wie jede erstmalige Mutter. Der Junge war doch noch so klein und zerbrechlich. Ich hatte Angst, ich könnte an dem kleinen Wurm etwas kaputt machen. Das Stillen klappte auch nicht wie gewünscht. Dem Pflegepersonal war das egal, sie befanden lapidar: »Gib ihm doch einfach die Flasche.« Nein. Ich wollte mein Kind stillen. Mein Sohn wurde inmitten meines Studiums geboren, das ich unbedingt beenden wollte. Das ging am besten und unkompliziertesten, wenn ich ihn stillte, von den anderen Vorteilen des Stillens einmal abgesehen. Keine Sorge, ich bin keine esoterische Stillverfechterin. Meinen zweiten Sohn habe ich beispielsweise nicht gestillt. Aber wie gesagt, das Leben mit Kindern kommt immer anders, als man denkt. Also lag ich ziemlich alleingelassen und ohne Unterstützung im Krankenhaus. Mein Sohn trank inzwischen die Milch nur noch vom Löffel. Den nahm er aber nicht in den Mund, sondern die Schwestern träufelten ihm die Milch zwischen die Lippen und er musste nur noch schlucken. Da riss mir der Geduldsfaden. Ich habe mich auf eigene Verantwortung, mit Schmerzen wegen des Kaiserschnitts, mitsamt meinem Sohn selbst entlassen. In jenem Moment wusste ich zumindest, was ich nicht wollte: In diesem Krankenhaus bleiben.

Zu Hause angekommen, rief ich erst meine Hebamme, dann meine Freundin, Mutter von sechs Kindern, an. Mit der Hilfe dieser beiden wundervollen Frauen brachte ich meinem Sohn in den nächsten Wochen das Trinken an meiner Brust bei. Und sie gaben mir das gute Gefühl, dass ich meinem Urteil trauen konnte.

Und darin liegt die Schwierigkeit: Es gibt so viele Ratgeber, und in jedem steht etwas anderes: »Stillen als Pflicht bis

Zwang – sonst ziehst du dir einen Zombie groß.« »Jedes Kind kann schlafen lernen – du musst es sich nur unter Kontrolle die Seele aus dem Hals schreien lassen.« »Ihr Kind hat bestimmt ADHS[1], es kann im Stuhlkreis nicht still sitzen. Bitte gehen Sie mal mit ihm zum Arzt und lassen das prüfen.«

Mama, Papa, Oma, Opa, Tante, Onkel, Erzieher, Lehrer, Hebamme, Kinderarzt – jeder sagt etwas anderes. Wie soll man sich da noch zurechtfinden? Woher weiß ich, was nun richtig ist und was nicht? Je nach Erziehungsratgeber gibt es unterschiedliche Antworten. Und Sie mittendrin. Vielleicht sind Sie gerade erst Mutter oder Vater geworden, halten dieses Wunder auf dem Arm und schwören sich, dass Sie alles für dieses bezaubernde Wesen tun werden, damit es gut groß wird. Aber leider wissen Sie oft nicht, was das konkret ist. Ihr Kind hat leider keine vollautomatisierte Leuchtreklame über seinem Kopf, die sofort angeht, wenn es weint, und mitteilt: »HUNGER«, »KUSCHELN«, »WINDEL VOLL«. Am Anfang müssen Sie alles erraten. Vielleicht ist Ihr Kind auch schon älter und Sie fragen sich in der einen oder anderen Situation: »Was ist nun richtig?« Vielleicht fällt Ihr Kind aus der gesellschaftlich vorgegebenen Norm, und Sie bekommen die entsprechenden Aufforderungen: »Unternehmen Sie etwas. Ihr Kind passt nicht.«

Allein mit dem Thema »Nicht-in-die-Norm-Passen« könnte ich mehrere Kapitel dieses Buches füllen. Nur zwei kleine Beispiele.

Mein erster Sohn hat sich als Scheidungskind seinen Platz erkämpfen müssen. Manchmal wird er noch heute in der Schule von Lehrern abgestempelt, weil er eine kurze Sturm-und-Drang-Phase hatte, obwohl sein Verhalten inzwischen vorbildlich ist.

Mein zweiter Sohn kam zu mir, als er zwei Tage alt war. Die leibliche Mutter war sehr jung und aus der Sicht des Jugendamtes nicht in der Lage, für ihn zu sorgen. Die Schädigung durch den Drogenkonsum der Mutter während der Schwangerschaft reichte aus, um ihn zu einem besonderen Kind werden zu lassen. Er ist außergewöhnlich charmant und liebenswert, mit einer Menge Potenzial. Aber er passt nicht in unser System. Sein Wesen stellt das Lehrpersonal vor eine Herausforderung, der es nicht gewachsen ist. Er wurde aussortiert, obwohl er viel zu begabt für eine Förderschule ist. Inzwischen haben wir Glück gehabt: Das Jugendamt bezahlt ihm eine Privatschule, damit er die gleiche Chance auf ein normales Leben bekommt wie andere Kinder auch.

Was ich damit sagen will: Bei beiden Söhnen habe ich mich nicht davon abbringen lassen, auf mein Gefühl zu hören – von Beginn an. Und es hat uns dreien gut getan.

Ist dieses Buch ein klassischer Erziehungsratgeber nach dem Motto: »Machen Sie dies auf die eine Weise und das auf die andere Weise«? Nein. Jedes Kind ist individuell und besonders. In meinen Augen wäre ein solcher Ratgeber nicht möglich – oder er würde so dick werden, dass ihn keiner lesen will. Ist es ein Buch der Kritik an unserem Bildungssystem? Vielleicht ein bisschen. Aber da wir alle ein Teil des Systems sind, wäre es dann auch Kritik an jedem Einzelnen. Das wäre dumm von mir. Ich möchte Sie ja gewinnen und nicht vor den Kopf stoßen.

Dieses Buch soll eine Hilfestellung sein, sich in dem Dschungel der unterschiedlichen Meinungen und Methoden zurechtzufinden. Das Einzige, was Sie dazu benötigen, ist ein bisschen Hintergrundwissen darüber, was Kinder wirklich brauchen. So wie im echten Dschungel: Dort ist es beispielsweise hilfreich zu wissen, welche Pflanzen giftig sind oder wo gefährliche Schlangen leben. Den Dschungel durchschreiten müssen Sie selbst. Dafür braucht es Mut und Durchsetzungsvermögen. Deshalb ist es hilfreich, sich selbst zu kennen, seinem Bauchgefühl vertrauen zu können. Also will dieses Buch Ihre Intuition stärken, Vorurteile wegnehmen, eine andere Blickrichtung ermöglichen. Jeder soll und kann mit Kindern leben oder arbeiten und aus tiefstem Herzen sagen: »Das macht Spaß und ist leicht!« Wir haben alles, was wir dazu benötigen, in uns. Und da ich ermutigen möchte, werde ich ab jetzt ins Du wechseln. Ich bin selbst Mutter und möchte dir als fachkompetente Freundin ein paar Anregungen geben, wie die Welt der Kinder meiner Meinung nach funktioniert und welche Rolle wir Erwachsenen darin spielen. Ich freue mich, wenn du den einen oder anderen Impuls aufnimmst und umsetzt, zu deinem eigenen Wohle und dem Wohl deines Kindes oder deiner Kinder.

**Warum sind so viele Kinder
(vermeintlich) gestört?**
Die Flut an Anfragen für Psychotherapie für Kinder, deren Verhalten als problematisch gilt, ist schon jetzt nicht zu bewältigen. Die allgemeine Wartezeit auf einen Therapieplatz von ungefähr einem Jahr ist für keinen zumutbar. Eine wichtige Frage in diesem Zusammenhang ist, was genau eigentlich so schiefläuft? Wenn Kinder auf die Welt kommen, sind sie in der Regel physisch und psychisch gesund. Natürlich gibt es Ausnahmen, zum Beispiel bei einer Frühgeburt oder einem lebensbedrohlichen operativen Eingriff direkt nach der Geburt. Was passiert

also auf dem Weg des Heranwachsens, dass Kinder Störungen herausbilden und in ihrer Entwicklung sprichwörtlich aus der Rolle fallen? Ich rede von den auffälligen Kindern, die nicht still sitzen können, von ihren verschiedenen Phobien bis hin zur Schulphobie, von Zwangsstörungen und Essstörungen bis hin zu selbstverletzendem Verhalten. Für mich ist die Antwort ganz einfach und klar:

Kinder entwickeln Störungen, weil sie in ihrer Entwicklung gestört wurden.

Nun muss es nicht ausgerechnet, wie bei der Geschichte meines Pflegesohnes, das extreme Beispiel von Drogenkonsum während der Schwangerschaft sein. Mögliche weitere Störungen in der Kindesentwicklung basieren schlicht auf der Tatsache, dass wir verlernt haben, die Welt durch die Augen der Kinder zu betrachten: Wir können ihre Bedürfnisse nicht fühlen.

Warum müssen kleine Kinder eine halbe Stunde und länger in einem Stuhlkreis still sitzen? Es werden so viele Eltern mit ihren Kindern zu mir oder zum Kinderarzt geschickt, weil sie mit drei oder vier Jahren einfach nicht ruhig auf dem Stuhl sitzen wollen.

Warum dürfen Kinder keinen Lärm mehr machen?

Ich bin die ersten drei Jahre meines Lebens in der Türkei aufgewachsen, in Istanbul, um genau zu sein. Wir haben in einem Haus mit mehreren türkischen Familien gelebt. Die waren immer besorgt, wenn wir Kinder ganz leise waren. Dann kamen sie zu uns und fragten meine Mutter, ob wir krank seien und sie für meine Mutter zur Apotheke gehen sollten.

Warum werden in den meisten Schulen schlechte Leistungen bewertet? Es wird benotet, was Kinder nicht können, aber ihre Stärken werden nicht gestärkt. Schule erzeugt Druck auf verschiedenen Ebenen: Der Druck, pünktlich um 8 Uhr morgens da zu sein, die Klassenarbeit abzugeben, auch wenn man noch nicht fertig ist, der PISA-Studie und anderen Studien gerecht zu werden, gute Noten zu schreiben, verglichen zu werden, sich acht Stunden am Tag oder länger an das System anzupassen und dabei stets zu funktionieren und die Erwartungen von außen zu erfüllen. Es gibt noch viele weitere Beispiele. Und du wirst wahrscheinlich zustimmen und sagen: »Genau, das Bildungssystem ist schuld, der Kindergarten, die Schule. Die Politiker sollen endlich mal etwas tun!« Aber Moment, so einfach ist es auch nicht.

Wie Erwachsene Kinder in ihrer Entwicklung stören
Merle, ein gebildetes, hübsches Mädchen kommt zu mir in die Praxis. Sie hat noch ein Jahr bis zum Abitur und bringt ein Paket von Diagnosen mit: Depression, soziale Phobie[2], ADS[3]. Sie möchte ein gutes Abitur absolvieren, ist aber antriebslos und traut sich nicht, die erforderliche mündliche Leistung zu zeigen. Schon im Erstgespräch wird deutlich, dass da ein »Splitter« ziemlich tief in ihrer Seele sitzt und noch immer starke Schmerzen verursacht. Eine Verhaltenstherapie hat sie bereits erfolglos hinter sich gebracht. Ich frage nach dem Splitter, dieser Erfahrung, die immer noch so schmerzt. Sie berichtet von ihrer ersten Schulwoche. Sie hatte sich so auf die Schule gefreut, war wissbegierig und lebensfroh. Am Ende dieser ersten Schulwoche sagte der Lehrer: »Alle Kinder, die ein Nomen mit I sagen können, dürfen früher in die Pause gehen.« Meine Patientin meldete sich und sagte

voller Stolz: »Igitt«. Der Lehrer entgegnete darauf trocken: »Das ist kein Nomen, du bleibst als Letzte sitzen.« Als sie mir davon berichtet, rollen ihr die Tränen über die Wangen. Sie kann den Schmerz und die Scham noch voll spüren, ganz genauso wie vor elf Jahren. Diese Erfahrung mit den damit verbundenen Gefühlen hatte sich fest eingebrannt. Ein tiefgehender Glaubenssatz wurde in dieser Stunde geboren: »Ich bin dumm.« Die Mutter berichtete mir bei einem anderen Termin zudem von der Geburt, die durch das unachtsame Verhalten der Hebamme als traumatisch bezeichnet werden kann. Beide Ereignisse haben dieses Mädchen in ihrer Entwicklung gestört. So konnte sie dann später, während der Abiturphase, nicht ihr gesamtes Potenzial abrufen, weil der Schmerz so tief saß.

Erwachsene stören Kinder in ihrer Entwicklung in den meisten Fällen nicht bewusst und mit Absicht. Bei diesem Fallbeispiel waren das Verhalten einer Hebamme und eines Lehrers die Auslöser für eine Traumatisierung. Als traumatisch können alle Ereignisse bezeichnet werden, die starken emotionalen Stress verursacht haben, der nicht verarbeitet wurde. Ein Erinnern an dieses Ereignis macht dadurch heute noch Stress. Studien belegen, dass solche Erlebnisse in den ersten sechs Lebensjahren zu massiven Entwicklungsstörungen führen können.[4] Kognitive Einschränkungen sind als Folge möglich, aber auch soziale Defizite: Kinder können dann Gefühle nicht benennen, Signale in sozialen Kontexten nicht erkennen oder sie haben schlichtweg Angst. In meinen Augen gibt es zwei Hauptkategorien von Verhaltensweisen aufseiten der Erwachsenen, die die Entwicklung ihrer Kinder stören:

Why – Warum dieses Buch?

1. Unachtsamkeit bis hin zu Gewalt oder Vernachlässigung
   Gewalt, Vernachlässigung, sexueller Missbrauch oder andere Erlebnisse mit hoher emotionaler Belastung, wie Tod oder Trennung, sind leicht nachzuvollziehende Entwicklungsblocker. Hier reicht unsere Vorstellungskraft aus, um sagen zu können, dass Erlebnisse wie diese für ein Kind traumatisch sein können. Aber oftmals reichen bereits vermeintlich weniger verletzende Erfahrungen aus.
   Der zuvor im Beispiel genannte Lehrer etwa war unachtsam. Er konnte nicht wissen, welche Folgen sein Ausspruch haben könnte. Denn es ist zu berücksichtigen, dass ein erlebter traumatischer Stress nicht per se von der Intensität der belastenden Situation abhängt. Jeder Mensch empfindet die gleichen Dinge subjektiv anders. Was für das Mädchen ein schwer zu verarbeitendes Erlebnis war, ringt einem anderen Menschen vielleicht nur ein Schulterzucken ab. Ereignisse aber, die auch nach mehreren Jahren noch starken emotionalen Stress auslösen, können als traumatisch bewertet werden. Bei mehreren als traumatisch empfundenen Erfahrungen ist die Wahrscheinlichkeit einer Entwicklungsstörung relativ groß. Das heißt im Umkehrschluss: Es braucht eine erhöhte Achtsamkeit im Umgang mit Kindern.

2. Wiederholung des eigenen Dramas
   Die zweite Störungsform tritt meist dann auf, wenn Erwachsene ihr eigenes Drama nicht aufgelöst haben. Als Beispiel sei hier eine Mutter genannt, die in ihrer Grundschulzeit gemobbt wurde und fortan unter sozialen Ängsten litt. Mit der Einschulung ihres Sohnes wiederholte sie unbewusst

ihr eigenes Drama und übertrug es auf den Jungen. Sie befürchtete also, ihrem Sohn würde das Gleiche widerfahren wie ihr. Um jeden Preis wollte sie ihn vor den »bösen anderen Kindern« beschützen. Also brachte sie ihn jeden Tag bis in den Klassenraum und überprüfte während der Pausen, wie sich die Kinder ihrem Sohn gegenüber verhielten. Dieser Junge hatte dadurch nicht genügend Freiraum, sich selbst zu entdecken und frei zu entwickeln. Stattdessen zeigte er bald die gleiche Ängstlichkeit, die seine Mutter damals hatte. Durch ihr Verhalten hatte sie ihm konstant signalisiert: »Die Welt ist böse.«

Jetzt denkst du vielleicht: »Immer achtsam sein – das kann ja keiner leisten.« Oder: »Na ja, so schlimm ist es bei mir ja nicht.« In der Tat, fehlerfrei können wir unsere Kinder nicht erziehen. Und jeder von uns trägt seine eigenen inneren Dramen und Baustellen mit sich herum. Aber genau darum geht es ja: Veränderung im Kleinen für mich und somit auch für meine Kinder. Achtsamkeit kostet nicht viel. Sie ist so etwas wie ein geschultes Bewusstsein. Dazu will dieses Buch beitragen; es soll dir helfen, dein Bewusstsein für dein Kind zu schulen. Vielleicht bist du gar nicht so überängstlich wie jene Mutter. Aber auch eine Mutter, die ihrem Nachwuchs das Klettern oder Balancieren auf Mauern verbietet, weil es ja gefährlich sein könnte, schränkt die Entwicklung ein. Es ist schon komisch – wenn Kinder laufen lernen, feuern wir sie an und freuen uns. Jedes Hinfallen wird mit Ermutigungsrufen und positiver Bestätigung kommentiert: »Du schaffst das! Versuch's noch mal!« Sobald Kinder diese Entwicklungshürde gemeistert haben, dreht sich im Kopf von uns Erwachsenen etwas um. Die Anfeuerungs- und Ermutigungsrufe werden geändert in »Vorsicht!«- und »Pass-auf!«-Rufe. Ist dir das schon einmal aufgefallen?

Höchststand in der Fremdunterbringungsquote

Es ist erschreckend. Noch nie zuvor wurden so viele Kinder fremd untergebracht wie in der heutigen Zeit. In dem Zeitraum von 2006 bis 2016 hat sich die Zahl der Inobhutnahmen verdreifacht.[5] Kinder werden in Obhut genommen, weil bei den leiblichen Eltern eine Kindeswohlgefährdung besteht. Teenager melden sich freiwillig beim Jugendamt und bitten um Fremdunterbringung, weil sie es zu Hause nicht mehr aushalten. Was ist nur mit unserer Gesellschaft los? Anscheinend wissen wir nicht mehr, was Kinder wirklich brauchen: Respekt, Wärme, Liebe, Nähe, Lob und Anerkennung, Kontrolle, Wertschätzung und Schutz. Fremdunterbringung heißt aber nicht automatisch, dass es den Kindern besser geht. Eine Inobhutnahme vor dem sechsten Lebensjahr hat weitreichende Folgen für die gesamte Entwicklung eines Kindes. In manchen Fällen sind diese Maßnahmen zwingend erforderlich. In anderen jedoch nicht. Allerdings fehlt es den Heimen, Pflegefamilien und Jugendämtern oftmals an Wissen darüber, was Kinder wirklich benötigen. Es bräuchte Familienhilfe und Beratung, die die Familien umfassend darin unterstützt, ihre Aufgabe gut zu meistern. Leider habe ich die Erfahrung gemacht, dass die Kompetenz vieler Sozialarbeiter eher fragwürdig ist. »Ich weiß, wie das geht. Ich habe ein Buch darüber gelesen«, war die Aussage einer Mitarbeiterin des Jugendamtes, die für die Betreuung von Pflegefamilien zuständig ist.

Es braucht ein gesamtgesellschaftliches Umdenken, was den Umgang mit unseren Kindern und Familien angeht.

Warum schreibe ausgerechnet ich dieses Buch?

Meine eigene Kindheit habe ich oft als nicht ganz so glücklich erlebt. Ich bin in einer gutbürgerlichen Familie des Mittelstandes groß geworden. Ich habe zwei ältere Schwestern und meine Eltern haben alles getan, um uns nach bestem Wissen und Gewissen großzuziehen. Bis auf die damals noch üblichen Schläge mit dem Kochlöffel bei manchen »Straftaten« ist nichts Schlimmeres passiert. Warum habe ich meine Kindertage dann nicht als glücklich erlebt? Ein Grund ist mit Sicherheit die Schulzeit. Ich war schon immer etwas anders, bin der Zeit hinterhergehinkt. Ich wurde in eine Ganztagsgrundschule eingeschult. Als ich das dritte Schuljahr erreicht hatte, wechselte ich auf eine weiter entfernt liegende Schule, in welcher der Unterricht bereits mittags endete. Ich habe einfach nicht bis zum späten Nachmittag, wie in der Ganztagsgrundschule, durchgehalten. Zudem war es in meiner Familie sozusagen der ausdrückliche Wunsch – wenn nicht sogar eine Pflicht – Abitur zu machen. So wurden wir alle am gleichen Gymnasium angemeldet, natürlich nacheinander, versteht sich. Ich musste die fünfte Klasse »freiwillig« wiederholen. Ich habe nur dagesessen, geträumt und mit meinen Stiften Bilder gemalt. Ich war noch nicht so weit. Heute würde ich wohl eine ADS-Diagnose bekommen. Schule hat mich überfordert. Nachmittags habe ich zu Hause gesessen und geheult. Die Hausaufgaben haben mich noch mehr überfordert. Meine Eltern waren »sehr klar« – sagen sie. Ich nenne es streng. Ich musste Texte so lange schreiben, bis sie fehlerfrei waren. Das ist für mich bis heute eine Kunst, die ich nicht beherrsche. Also kannst du dir vielleicht vorstellen, wie groß mein Frust war. In der achten Klasse habe ich dann noch einmal eine Ehrenrunde gedreht. Erst im zehnten Schuljahr habe ich verstanden, wie Schule funktioniert, und halbwegs mitgemacht. Nach insgesamt elf Schuljahren in Mittel- und Oberstufe, statt regulär neun Jahren, hielt ich endlich mein Abiturzeugnis in den Händen. Über den achtjährigen Bildungsgang bis zum Abitur, G8 genannt, brauchte ich damals zum Glück nicht nachzudenken. Das wäre eine noch größere Katastrophe geworden.

Ein anderer Grund für meine als nicht so glücklich empfundene Kindheit ist das Erziehungsverständnis, in dem ich groß geworden bin. Bei uns war Gerechtigkeit besonders wichtig. So wurden wir drei Mädchen alle genau gleich erzogen. Was sich zunächst fair anhört, war für mich jedoch ein Problem. Ich, Gunda, und zwar so, wie ich war, habe mich nicht wahrgenommen gefühlt. Außerdem war ich in den meisten Fällen noch nicht so weit wie meine Schwestern.

Vielleicht durch mein eigenes Unglücklichsein in meiner Kindheit – ohne nach außen ersichtliche Gründe wie Gewalt oder Vernachlässigung – habe ich ein besonderes Gespür dafür entwickelt, was Kinder und Jugendliche wirklich brauchen. Schon mit 17 Jahren habe ich mich in der ehrenamtlichen Jugendarbeit engagiert. Erst half ich nur bei der Einrichtung im Ort mit, dann auch bei der überregionalen. Ich leitete Jugendfreizeiten, schulte Jugendmitarbeiter, brachte ihnen bei, was sie über die Kids wissen mussten. Ich organisierte Jugendkongresse mit und wurde so etwas wie der »Gemeindejugendwart«. Was für ein Wort! Dieser Wart, also ich, kümmerte sich um die Gemeinde-Jugendarbeit im gesamten Rheinland. Ich betreute die Mitarbeiter und kümmerte mich darum, dass es ihnen gut ging. Ich führte zudem viele seelsorgerische Einzelgespräche mit Jugendlichen. Auf Neudeutsch heißt das so viel wie: Ich war ihr Coach.

Ich erinnere mich noch an das Bundesjugendtreffen, das vor 31 Jahren in Bochum auf dem Gelände der Zeche Zollverein stattfand. 4000 Jugendliche wurden in sogenannte Familiengruppen aufgeteilt. Ich selbst war eine Familiengruppenleiterin, gerade mal 18 Jahre jung. Meine »Familie« bestand aus zwölf Teilnehmerinnen, die ihre Zelte um ein Familiengruppenzelt herum aufgebaut hatten. Am zweiten Abend vertraute sich mir eine 16-Jährige aus meiner Gruppe an. Sie erzählte von ihrem gewalttätigen Stiefvater. Zeigte mir eine Narbe auf dem Handrücken – da habe der Stiefvater ihr mit der Fonduegabel reingestochen, als sie sich ein Brot nehmen wollte, nur so zum Spaß. Ich war geschockt. Ich fand ein paar aufmunternde Worte und begleitete sie zum abendlichen Konzert. Danach suchte ich mir einen Supervisor. Ich erzählte ihm die Geschichte und sagte: »Wir müssen sofort etwas unternehmen, das Mädchen muss aus der Familie raus.« Mein Supervisor reagierte ganz gelassen: »Sie ist 16 Jahre alt. Sie kann selber zum Jugendamt gehen. Wenn sie es so lange ausgehalten hat, wird sie es auch noch die zwei Jahre, bis sie volljährig ist, aushalten. Sie wohnt in Bayern. Wir können von hier aus nichts tun.« Mein Helfersyndrom wollte und konnte das nicht zulassen. Ich wollte sie retten. Ich habe die ganze Nacht nicht geschlafen. Am Morgen wusste ich, dass mein Supervisor Recht hatte. Ich konnte sie nicht retten. Sie würde ihren Weg gehen müssen. Bei diesem Treffen konnte ich sie lediglich stärken und ihr eine gute Zeit bereiten, aber nicht mehr.

Auch heute kann ich nicht alle retten, die zu mir kommen. Ich würde wirklich vielen Kindern gerne ein neues Zuhause geben, aber damit allein ist es eben nicht getan. Also habe ich

Why – Warum dieses Buch?

erfolgreich andere Wege gesucht, um Kindern und Jugendlichen helfen zu können. Erst studierte ich Sozialpädagogik, doch diese Ausbildung gab mir nicht genügend Werkzeug an die Hand. So wurde ich Kinder- und Jugendlichenpsychotherapeutin. Auch das reichte mir nicht. Ich wollte unbedingt den Zusammenhang zwischen unseren Erfahrungen und unserem Handeln verstehen. Deshalb ließ ich mich zur Traumatherapeutin ausbilden. Das Ziel war immer, Kindern und Jugendlichen bestmöglich dabei zu helfen, ihr Leben meistern zu können. Inzwischen gehöre ich zu den gefragtesten Kinder- und Jugendlichenpsychotherapeuten sowie Traumatherapeuten in meiner Region. Das reichte mir noch immer nicht, denn in der Therapie sitzt immer nur ein Kind. Es brauchen aber so viele Kinder Hilfe, eigentlich eine ganze Generation von Kindern. Sie schreien danach, dass wir Erwachsene wieder lernen, mit den Augen der Kinder zu sehen, sie zu verstehen und unser Verhalten und unsere Erwartungen verändern. Aus diesem Grund habe ich dieses Buch geschrieben: In der Hoffnung, dass sich viele Menschen dazu herausfordern lassen, die Perspektive zu wechseln und wieder mit den Augen der Kinder sehen lernen wollen.

Psychotherapeutin, Traumatherapeutin und Ausbilderin

Irgendwann auf meinem Lebensweg hatte ich einmal den Plan gefasst, einen Bauernhof zu betreiben und dort mit Straßenkindern zu leben. Mein Traum war es, diesen Kindern eine Chance zu geben, die sie sonst nicht bekommen würden.

Nach meinem Sozialpädagogikstudium nahm ich daher einen Minijob in einer Wohngruppe an. Dort widerfuhr es mir zum ersten Mal, dass mein empathisches Grundverständnis nicht ausreichte, um mit Jugendlichen zurechtzukommen. Das Studium hatte mir weder praktisches Wissen noch Fertigkeiten vermittelt, um adäquat mit einem traumatisierten Halbstarken umgehen zu können. Damals dachte ich noch: »Hauptsache, ich habe das letzte Wort.« Dieser Schuss ging nach hinten los. Die Situation eskalierte. Der Jugendliche türmte durchs Fenster, nachdem er eine Tür kaputtgetreten hatte.

Spätestens in jenem Moment wusste ich, dass Interesse und Mitgefühl allein nicht ausreichen und mein Studium mir nicht sonderlich geholfen hatte. Also habe ich weiter gelernt und mich zur Psychotherapeutin ausbilden lassen. Ich wusste schon damals instinktiv, dass ich auch mich selbst besser verstehen lernen müsste, um meine zukünftigen Patienten verstehen zu können und sie nicht noch mit meinen eigenen Baustellen zu belasten. Insofern habe ich direkt im Anschluss die Traumatherapie-Ausbildung absolviert. Thomas Hensel, Buchautor, Therapeut und Begründer eines Ausbildungsinstituts, vermittelte mir den sogenannten stressorbasierten Ansatz. Dieser Ansatz geht davon aus, dass unverarbeitete, belastende Lebenserfahrungen als »Stressoren« die Ursache für eine Vielzahl von Störungen sein können. Es geht darin also um den Zusammenhang zwischen unseren Erfahrungen, Gefühlen und täglich getroffenen Entscheidungen, bewusst und unbewusst.[6] Endlich verstand ich in Gänze, was mit unseren Kindern heute los ist, wo und wie wir sie unbewusst in ihrer Entwicklung stören. Ich habe verstanden, was nicht verarbeiteter Stress mit Kindern und auch mit Erwachsenen macht. Der Unterschied ist nur, dass wir Erwachsenen uns auch selbst davon befreien können, wenn wir die richtigen Techniken anwenden. Kinder dagegen benötigen dabei unsere Hilfe. Vieles, was ich über Jahrzehnte hinweg intuitiv verstanden und richtig gemacht hatte, bekam jetzt einen Namen und ein Erklärungsmodell. Es ist so einfach und gleichzeitig so anschaulich, dass jeder es verstehen kann.

Eigentlich sind die Erkenntnisse zu den Zusammenhängen zwischen früheren Erlebnissen und heutigem Handeln nichts Neues. Der Neurowissenschaftler Joe Dispenza beispielsweise geht darauf ganz eindrücklich in seinem Buch *Werde übernatürlich* ein. Auch der Coach und Buchautor Robert Betz ermuntert Erwachsene, sich aus dem Drama ihrer Kindheit zu befreien und Frieden zu schließen. Aber was wäre, wenn es dieses Drama in der Kindheit unserer Kinder erst gar nicht gäbe? Wie fundamental wäre es denn, wenn ich mich später nicht erst von etwas befreien müsste, sondern direkt befreit aufwachsen würde?

Da der stressorbasierte und von mir weiterentwickelte Ansatz so einfach ist und dennoch eine große Veränderung für Kinder bedeuten kann, bilde ich inzwischen Traumatherapeuten und -pädagogen in diese Richtung aus. Aber auch das reicht mir noch nicht. Ich erarbeite derzeit mit den beiden Hauptdozentinnen meines Ausbildungsinstituts, Eva Schoofs und Diana Stehen, ein eigenes smartes Konzept. Dieses Konzept soll jedem, der mit Kindern arbeitet oder lebt, in Kürze die notwendigen Grundkenntnisse vermitteln, damit das Leben und Arbeiten mit Kindern wieder leicht wird und Spaß macht.

Ich habe mein Leben dem Wohl meiner eigenen Kinder und dem Wohl der Kinder in unserer Gesellschaft verschrieben. Deswegen agiere ich nicht nur als Therapeutin und Ausbilderin in meiner Praxis, sondern trete auch hinaus in die Öffentlichkeit, um auszusprechen, was notwendig ist.

Meine Praxis – Psychotherapie für Kinder

Seit sieben Jahren führe ich eine Praxis für Psychotherapie. Als Kinder- und Jugendlichenpsychotherapeutin helfe ich Kindern, mit den unterschiedlichsten Schwierigkeiten fertigzuwerden. Als Spezialistin für ADHS, Traumata und Pflegekinder habe ich mir schnell einen Namen gemacht. Inzwischen muss man bei mir zwei Jahre auf einen Therapieplatz warten. Bei der Vorstellung, dass meinem Kind etwas Schreckliches passiert und es Hilfe bei der Verarbeitung braucht, wird mir bereits ganz anders. Doch im Wissen, es müsste auch noch lange Zeit auf diese Hilfe warten, würde ich als Mutter all meine Kräfte mobilisieren – und wenn ich alle Therapeuten mehrfach anrufen müsste. Aber wie kommt die lange Wartezeit überhaupt zustande? Das ist nicht nur bei mir der Fall. Es gibt inzwischen genügend Studien, die belegen, dass die psychotherapeutische Versorgung nicht zeitnah ermöglicht werden kann.

Zum Verständnis, vereinfacht dargestellt: Eine Abrechnung von Therapieleistungen über die Krankenkasse ist nur möglich, wenn der Therapeut oder Arzt eine entsprechende Zulassung hat. Diese wird in einem besonderen Verfahren vergeben. Es gibt aber nicht unendlich viele Zulassungen. Ein Gremium errechnet, wie viele Augenärzte, Frauenärzte, Allgemeinmediziner und auch Therapeuten eine Stadt benötigt. Diese Entscheidungen richten sich unter anderem nach der Einwohnerzahl. Natürlich werden besondere demographische Daten, wie beispielsweise eine erhöhte Armut in bestimmten Stadtteilen, nicht mit einbezogen. Und das, obwohl erhöhte Armut nachweislich eine Auswirkung unter anderem auch auf die psychische Gesundheit von Kindern und Jugendlichen hat.[7]

Die Psychotherapeuten kämpfen für mehr Zulassungen, denn die allgemein lange Wartezeit auf einen Therapieplatz scheint ja auf eine klare Unterversorgung hinzuweisen. Doch ist dem wirklich so? Die Antwort lautet: ja und nein. Ja, es gibt einen Mangel an niedergelassenen Psychotherapeuten. Nein, die Unterversorgung liegt nicht allein in den mangelnden Zulassungen begründet. Diese Sicht wäre zu einseitig. Es gibt auch zu viele Kinder und Jugendliche, die Hilfe benötigen. Das wiederum liegt daran, dass nicht die Ursachen für Störungen bekämpft werden, sondern lediglich die Symptome. Mehr Zulassungen würden bedeuten, dass wir zwar mehr Störungen behandeln könnten. Aber wäre es nicht viel hilfreicher, deren Entwicklung von vornehereim zu verhindern und über potenzielle Ursachen zu informieren?

Inzwischen versuche ich, bei jeder Anmeldung eines Kindes zur Therapie eine zeitnahe psychotherapeutische Sprechstunde einzurichten. Ich höre mir erst einmal die Sorgen und Nöte an. Dabei erschrecke ich, mit welchen Anliegen Eltern mit ihren Kindern zu mir kommen: »Mein Kind hat so ein schlechtes Selbstbewusstsein. Können Sie das bitte ändern?«, »Die Lehrerin kommt mit meiner Tochter nicht klar. Können Sie ihr bitte sagen, wie sie mit meiner Tochter umzugehen hat?«, »Wir haben vor, uns zu trennen. Bitte sorgen Sie dafür, dass unser Kind durch die Scheidung keinen Schaden erleidet.« Wie bitte? Irgendwas läuft da gründlich schief. Ich bin dazu ausgebildet, Störungen mit Krankheitswert zu behandeln. Stattdessen erlebe ich eine große Verunsicherung der Eltern bei der Frage, wie sie ihre Kinder gut durch die Herausforderungen des Lebens begleiten können. Und gleichzeitig beobachte ich eine Mentalität à la: »Bitte reparieren Sie mein Kind, es funktioniert nicht wie erwartet.« Wenn ich dann auf die eigene Verantwortung der Erziehungsberechtigten verweise, kommen Aussagen zurück wie etwa: »Wasch mir den Pelz, aber bitte mach mich nicht nass.« Es besteht also dringender Handlungsbedarf.

Auch an anderen Stellen erlebe ich eine große Verunsicherung. Als Spezialistin für Traumata und Pflegekinder kommen natürlich entsprechend betroffene Patienten zu mir. Es ist erschreckend, wie viele Kinder schon traumatische Erfahrungen machen mussten. Noch erschreckender ist jedoch, dass es kaum Anlaufstellen oder Hilfen gibt. Eltern sind verständlicherweise überfordert. Vielen Kollegen sind Traumata zu heikel, aus Sorge, die Lage zu verschlimmern. Selbst in Kliniken wird nur stabilisiert und noch mal stabilisiert, aber nicht das Übel bei der Wurzel gepackt. Das ist ungefähr so, als wenn man den Splitter unter der Haut nicht entfernt, weil man Angst vor dem Eiter hat, der dann rauskommt. Man kleistert lieber irgendwelche Salben darüber, bis der Splitter mit dem Gewebe verwachsen ist.

Zudem kommen viele Pflegeeltern zu mir, weil sie das ihnen anvertraute Kind verstehen wollen. Leider bekommen sie kaum Unterstützung vom Jugendamt. Meiner Erfahrung nach liegt das auch daran, dass die Mitarbeiter des Jugendamtes die Kinder ebenfalls nicht verstehen. Die meisten Kinder mit frühen Erfahrungen von Gewalt oder Vernachlässigung haben ihre eigenen Besonderheiten. Pflegeeltern leisten oft Unmenschliches, was jedoch kaum gewürdigt wird. Oftmals passiert sogar das Gegenteil. Da zitieren Jugendämter Pflegeeltern vor Gericht, weil diese einen Termin nicht eingehalten haben. Denkt doch einmal darüber nach, was das für ein Signal für das Kind ist! Es wird wohl eher in seiner sowieso schon bestehenden Verlustangst bestätigt und noch auffälliger werden. So sitze ich oft auch in sogenannten Hilfeplangesprächen. Diese Gespräche initiiert das Jugendamt, wenn eine Hilfe für ein Kind oder einen Jugendlichen bewilligt wurde, um die Art der Hilfe festzulegen und zu schauen, auf welchem Stand die zu erreichenden Ziele sind. Hieran teilzunehmen, ist eigentlich nicht meine primäre Aufgabe. Wenn Psychotherapeuten Erziehungshilfe für Eltern leisten sollen und gleichzeitig als Berater für Jugendamt, Lehrer oder Erzieher zur Verfügung stehen müssen, läuft doch irgendetwas mächtig verkehrt, oder?

Auch mir wurde schon mit dem Familiengericht gedroht. Es war in einer der schwierigsten Phasen mit meinem zweiten Sohn. Und da war er – der Moment, in dem mir die Hutschnur geplatzt ist und ich mich nicht mehr unter Kontrolle hatte. Ich bin völlig ausgerastet. Den gewünschten Erfolg, wenn man überhaupt davon reden kann, hat es nicht gebracht. Also habe ich mich wieder beruhigt. Mein Sohn war zu dieser Zeit in einer pädagogischen Tagesgruppe. Dort habe ich den »Vorfall« offen gemacht. Ich wollte Unterstützung, wissen, wie ich was besser machen könnte. Die Tagesgruppe hat es sofort dem Jugendamt gemeldet, welches daraufhin umgehend einen Termin mit mir vereinbaren wollte. Als ich dann nicht sofort parat stand (ich hatte mich erdreistet, in den bereits geplanten Urlaub zu fahren), wurde ich ins Jugendamt zitiert. Dort unterstellte man mir dann eine Krise. Ich betonte mehrmals, dass ich keine Krise hätte, sondern mir einfach nur die Sicherung durchgebrannt sei. Als ich die vermeintliche Krise nicht zugeben wollte, brachten die Sachbearbeiter das Thema Familiengericht ins Spiel, nach dem Motto: »Man könne ja überprüfen, ob mein Sohn, der inzwischen seit zehn Jahren bei mir lebte und nichts anderes kannte, richtig bei mir sei, da ich mich ja offensichtlich in einer Krise befände«. Ich konnte dies mit der Bitte um ein Fachgespräch mit dem Vorgesetzten gerade noch abwenden.

Was hast du davon?

Wäre ich du, hätte ich die ersten Seiten überschlagen. Schließlich will ich ja wissen, was ich von diesem Buch habe und nicht, wie »toll« die Autorin ist. So bin ich, immer lösungsorientiert und pragmatisch, gewillt, das Komplizierte einfach zu machen und das Schwere leicht. Ein Buch wie dieses sollte mich persönlich dazu inspirieren können, neu über mein Verhalten und meine Strategien nachzudenken. Gleichzeitig sollte es mich dazu motivieren, diese zu verändern. Da dies mein Anspruch wäre, wenn ich das Buch kaufen und lesen wollen würde, will ich als Autorin auch genau diesen Anspruch erfüllen. Ich werde keine Statistiken aneinanderreihen und nicht mit Fachbegriffen um mich schmeißen. Meine Absicht ist es, mehr Fragen zu beantworten als aufzuwerfen. Kinder sind unser kostbarstes Gut. Sie sind einzigartig, wundervoll und unsagbar wertvoll. Und du bist es auch. Du bist ja schließlich Mensch und warst einmal Kind. Und jeder von uns hat sein eigenes inneres Kind. Manchmal ist es vielleicht etwas in Vergessenheit geraten – was wirklich schade ist, denn unser inneres Kind kann uns an vielen Stellen ein hilfreicher Ratgeber sein.

Wenn du also mehr über dich erfahren willst, dann ist dieses Buch genau richtig für dich. Je mehr du über dich weißt, umso mehr weißt du, was deine Kinder brauchen und wie das Zusammenspiel mit ihnen gelingen kann. Wie du vielleicht schon gemerkt hast, plaudere ich aus der Praxis – aus der psychotherapeutischen, aber auch aus meiner privaten. Mein Ziel ist es, dich stark zu machen für deine Kinder oder für die Kinder, mit denen du arbeitest. Denn wenn dir das Leben oder Arbeiten mit Kindern leicht fällt und Spaß macht, dann ist das bereits die halbe Miete für eine störungsfreie Entwicklung der Kids.

Mehr Sicherheit im Umgang mit deinem Kind

Ich sitze im Erstgespräch. Mutter, Vater, Kind. Alle sind da. Erst spreche ich mit dem Kind, baue Kontakt auf. Wir sprechen über die schönen Dinge. Dann kommt die Gretchen-Frage: »Warum sind Mama und Papa mit dir hier? Wobei soll ich dir helfen?« Viele Kinder wissen das. Andere zucken nur mit den Schultern. Zusammen kommen wir dann darauf. Mir hilft es, einen ersten Eindruck zu bekommen. Es ist förderlich, dass die Eltern dabei sind, denn ich sehe, wie sie interagieren. So bekomme ich einen ersten Eindruck und Ideen dazu, warum etwas aus welchen Gründen nicht so gut funktioniert. Dann zeige ich auf, wo und wie ich helfen kann. Ich erkläre dem Kind, dass es gut wäre, wenn es mit mir klarkommt und dass es völlig okay sei, wenn dem nicht so ist. Es solle es dann einfach sagen, ich sei dann nicht böse. Aber ich könne nur helfen, wenn es mich auch ein bisschen gut findet. Dann wende ich mich noch mal den Eltern zu: »Das gilt übri-

gens auch für Sie. Gucken Sie, ob Sie mit mir klarkommen.« Verwirrte Gesichter. Ich führe weiter aus: »Ich bin ziemlich direkt, ich mag kein Geschwafel um den heißen Brei herum. Ich werde Sie konfrontieren mit Dingen, von denen ich denke, dass Sie sie ändern müssen.« Noch verwirrtere Gesichter. »Und ich erwarte, dass Sie ausprobieren, was ich Ihnen rate und vorschlage. Das ist die Grundlage für das Angebot eines Therapieplatzes. Deshalb: Finden Sie heraus, ob Sie mit mir klarkommen, ob ich jemand bin, der Ihnen auf die Füße treten darf, auch, wenn es wehtut.« Nach der ersten Schockminute kommt fast immer die gleiche Antwort: »Das geht klar. Wir sind ja froh, wenn uns jemand mal sagt, was wir tun können oder sollen.« Ich gucke in erleichterte Gesichter.

Ich erlebe eine große Verunsicherung im Umgang mit Kindern wie nie zuvor, trotz der vielen Erziehungsratgeber. Es fehlt an Orientierung an allen Ecken und Enden. Aber wo soll sie denn auch herkommen, wenn alle etwas anderes sagen? Meistens sind die Eltern schuld und machen alles falsch. Mein Ziel ist es, dass du dir deiner selbst wieder sicher wirst. Du hast alles, was du brauchst, um dein Kind gut in das Leben zu begleiten. Versprochen. Es geht nicht um »wenn, dann«: Wenn dein Kind dieses oder jenes macht, dann solltest du dieses oder jenes tun. Es geht in erster Linie um dich. Um deine Geschichte. Um dein Sein. Jetzt gibt es doch noch ein »wenn, dann«. Ich bin mir nämlich sicher: Wenn du in dir selbst ruhst, dann weißt du, was du in der Kindererziehung zu tun hast. Und für die paar Kleinigkeiten, die du nicht weißt, liefere ich dir die notwendigen Hintergrundinformationen, damit du es verstehst und aus dem Verstehen heraus die richtigen Handlungsweisen findest. Klingt einfach, oder?

Du wirst sicher im Umgang mit deinem Kind, indem du sicher im Umgang mit dir selbst wirst.

Kindererziehung wird einfacher
Elterngespräch. Vor mir sitzt eine Pflegemutter. Sie ist den Weg gegangen, hat Mut bewiesen, sich ihre eigenen Baustellen angeschaut. Hat ihr Helfersyndrom entdeckt, ihr Bedürfnis, es immer allen recht machen zu wollen. Sie hat die Überforderung wahrgenommen, die damit einhergeht. Während dieser Überforderung hat der Pflegesohn am meisten abbekommen, da er sich dann besonders auffällig benommen hat. Als Mutter und Kind vor drei Jahren zu mir in die Praxis kamen, hörte ich stets die gleichen Sätze: »Warum versteht er das nicht? Warum macht er immer das Gleiche? Warum kann er das nicht mal lassen?« Sie hat begriffen, dass es die falschen Fragen waren. Die Fragen entsprangen ihrem Wunsch, es allen recht machen zu wollen. Das funktioniert aber nicht mit einem besonderen Kind, einem in diesem Fall schwer traumatisierten Kind.

Sie sitzt mir also gegenüber und lächelt. Ich frage: »Wie waren die letzten Wochen?« Sie antwortet ruhig: »Er motzt und diskutiert weniger und hat seit drei Monaten nichts mehr geklaut.« Ich frage sie, worauf sie die Veränderung zurückführt. Die Antwort kommt schnell. »Ich raste nicht mehr aus. Ich bleibe gelassen und weiß, was ich machen muss, damit er erst gar nicht mehr hochfährt.« Prima, denke ich, und plane das Ende der Therapie. Dem Jungen geht es besser – nicht, weil er so viel bei mir gelernt hat. Es geht ihm besser, weil die Mutter viel gelernt und umgesetzt hat. Sie ist sicher geworden im Umgang mit einem hoch auffälligen Kind, welches sich in Stresssituationen unters Bett legte, um dort zu urinieren.

Wenn diese Pflegemutter es schafft, dass die Erziehung eines »hochproblematischen« Kindes einfacher wird, dann schaffst du das auch mit deinem Kind. Da bin ich mir sicher. Genau das ist das Ziel: Erziehung soll wieder einfach und selbstverständlich sein. Wir brauchen keine weiteren Erziehungsstrategien. Eigentlich geht es nur darum, uns selbst und unsere Kinder wieder zu verstehen. Dann wird alles einfacher. Punkt.

Positive Rückmeldungen vom Kind

Mein Sohn strahlt mich an: »Beste Mutter ever«, höre ich ihn sagen. Was ich gemacht habe? Nichts. Also, nichts Besonderes in jener Situation. Was ich aber seit Jahren mache? Mich hinterfragen, immer und immer wieder. Meine eigenen Baustellen aufräumen, immer und immer wieder. Mit meinen Jungs sprechen, immer und immer wieder. Über was? Über alles. Ich entschuldige mich, wenn ich sie zu Unrecht angemeckert habe oder zu laut geworden bin. Ich erkläre ihnen die Welt im Kleinen und im Großen. Ich frage sie mindestens einmal pro Jahr, was ich in ihren Augen total falsch mache und ändern sollte. Es gab sau-anstrengende Zeiten, in denen ich am liebsten alles hingeschmissen hätte – bis hin zur Selbstmordgefahr. Stattdessen habe ich gekämpft. Für mich und meine Kinder. Habe mein Innerstes aufgeräumt für mich und meine Kinder. Das Ergebnis? Dieses Lob: »Beste Mutter ever.«

Randbemerkung: Die Kumpels meines Sohnes sagen es inzwischen auch: »Du hast die beste Mutter ever.« Das geht runter wie Öl. Dabei bin ich klar, konsequent und auch unbequem. Alle, auch die coolsten Jungs, müssen bei mir zum Beispiel im

Sitzen pinkeln. Ich habe auch kein Problem damit, das »Chillen« der Jungs mit diesem Hinweis zu unterbrechen und den Übeltäter ins Bad zu schicken, damit er sein Malheur beseitigt. Ja, es war Arbeit, dahin zu kommen. Aber Arbeit, die sich gelohnt hat.

Für Lehrer und Pädagogen:
Die Arbeit mit Kindern neu entdecken
Wenn Erwachsene die Kinder in ihrer Entwicklung stören, dann sind wir alle gefragt. Nicht nur wir als Eltern, sondern auch die Lehrer, Pädagogen, Erzieher, Logopäden, Physiotherapeuten, Psychotherapeuten – einfach alle, die mit Kindern leben oder arbeiten. Ich dachte damals, dass ich alles wüsste. Ich hatte genug Empathie und schließlich auch Sozialpädagogik studiert. Dennoch habe ich die zuvor beschriebene Situation in der Wohngruppe völlig an die Wand gefahren, eben weil mir tatsächlich noch viel Wissen fehlte. Ich hatte den Zusammenhang zwischen meinen Baustellen und den Kindern, die ich betreute, nicht begriffen. Der Psychoanalytiker Sigmund Freud nennt das Phänomen übrigens Übertragung und Gegenübertragung. Ich als Erwachsener übertrage meine Baustellen und inneren Dramen unbewusst auf das Kind, was dementsprechend reagiert. In der Theorie klingt das nicht sehr aufregend. Aber was das in der Praxis heißt, habe ich schmerzhaft erfahren und erlernen müssen.

Wenn wir ehrlich sind, fehlt es aber oft auch an Theorie. Nach meinem Abitur habe ich drei Semester lang auf Lehramt studiert, weil ich unbedingt Kinder und Jugendliche auf ihrem Weg ins Leben begleiten wollte. Ich habe das Studium dann geschmissen. Es hatte nichts mit Kindern oder Jugendlichen zu tun. Es gab keine Angebote zur Entwicklungspsychologie, kein Seminar oder keine Vorlesung über schwierige Kinder und den Umgang mit ihnen. Ich hatte das Gefühl, zum Fachidioten ausgebildet zu werden. Das wollte ich nicht. Das Sozialpädagogik-Studium wiederum beinhaltete Methodik und Didaktik. Aber da das Studium so ausgelegt war, dass ich damit auch im Altenheim hätte arbeiten können, fehlten auch hier die für mich bedeutsamen Inhalte. Dieses Buch kann und soll der Anfang dafür sein, diese Wissenslücke zu schließen. Auch wenn ich auf diesen Seiten meist die Eltern anspreche, so ist letztlich doch jede Person gemeint, die mit Kindern lebt oder arbeitet.

Denn wenn Eltern Sicherheit, einfacheren Umgang mit Kindern und Spaß an der Erziehung durch positive Rückmeldung erreichen können, dann gilt das auch für Lehrer und Pädagogen.

In der Wohngruppensituation damals etwa fehlte mir Sicherheit. Hätte ich damals gewusst, was ich heute weiß, wäre es wahrscheinlich nicht zur Eskalation gekommen. Insgesamt erlebe ich eine große Verunsicherung, nicht nur bei Eltern. Unsere Gesetzeslage trägt sicherlich dazu bei. Auf der einen Seite ist es gut, dass »körperliche Züchtigung« verboten ist, auf der anderen Seite braucht manches Kind eine freundliche, manchmal auch körperliche, Begrenzung. So habe ich beispielsweise ein klares Stopp-Signal an meinen Sohn gesendet, indem ich mich ihm in den Weg gestellt oder ihn daran gehindert habe, etwas vor Wut zu schmeißen. Was notwendig ist, ist wieder Sicherheit zu gewinnen, selbst in der Konfrontation mit den auffälligsten Kindern.

Why – Warum dieses Buch?

Wie wäre außerdem die Vorstellung, dass das Arbeiten mit Kindern wieder leichter statt noch schwerer wird? Mit dem richtigen Wissen darüber, was Kinder wirklich brauchen, und mit einem guten Maß an Eigenreflexion, ist das möglich. Eines ist besonders wichtig: Wenn ich eine emotionale Sicherheit bei dem, was ich tue, ausstrahle und habe, dann wird meine Arbeit leichter. Sicherheit und Kontrolle sind psychische Grundbedürfnisse der Menschen. Im Umgang mit Kindern gewinnt man aber nicht unbedingt Kontrolle durch die Ausübung seiner Macht als Lehrer oder Erzieher. Ich zeige dir Handlungsalternativen auf, die das Machtgefälle unterbrechen und dennoch oder gerade deshalb wirkungsvoll sind, weil sie auf Augenhöhe mit dem Kind gestaltet werden.

Was mit dieser Herangehensweise leichter ist, macht auch mehr Spaß, oder? Eine Therapeutin, die bei mir in der Ausbildung war, gab mir Wochen danach diese Rückmeldung: »Gunda, endlich fühlt sich die Arbeit selbst mit schwer traumatisierten Kindern leicht an und macht Spaß. Happy Therapeutin = happy Patienten!«

Wenn eine Therapeutin dies sagen kann, obwohl sie tagtäglich mit schwer traumatisierten Kindern arbeitet, dann ist das für alle anderen Menschen, die mit Kindern arbeiten, auch möglich. Da bin ich mir sicher. Und sollte dieses Buch nicht ausreichend sein als Inspiration, Motivation und Handlungsimpulsgeber: Ich bilde auch aus. Ich komme in deine Einrichtung und passe die Fortbildung auf eure Bedürfnisse an.

Was hat dein Kind von diesem Buch?

Kinder in die Welt zu setzen, entspringt unserem Selbsterhaltungstrieb. Der ist ähnlich stark wie das Bedürfnis nach Nahrung zum Überleben. Damals wollte ich unbedingt Kinder. Als ich sie hatte, habe ich mich manchmal gefragt, ob ich nicht ohne Kinder besser klargekommen wäre. Aber die Frage stellt sich nun ja nicht mehr. Sie sind da. Und ich liebe sie über alles. Mein Kurzer hat, wie bereits beschrieben, ein ganz besonderes Päckchen zu tragen. Allein die Geschichten über ihn würden ein ganzes Buch füllen. Unterm Strich sage ich aber oft: »Wenn ich es schaffe, diesen besonderen jungen Mann so großzuziehen, dass er in dieser Welt klarkommt – und das nicht nur irgendwie –, dann habe ich meinen Beitrag für die Gesellschaft geleistet und setze mich zur Ruhe.« Das ist natürlich ein Witz. Ich setze mich nicht zur Ruhe. Aber der Ausspruch entspringt der Absicht einer jeden Mutter, eines jeden Vaters: Wir wollen, dass es unserer Brut in Zukunft gut geht. Unsere Kinder sollen ein gutes Leben haben, einen tollen Partner, einen Job, den sie mögen, zufrieden und glücklich sein und so weiter und so weiter. Den Grundstein hierfür legen wir mit unserer Erziehung. Die Chancen stehen gut. Du liest ja gerade dieses Buch. Es hilft dir zu wissen, wie es geht. Und es hilft deinem Kind. Es wird zufrieden, selbstbewusst, kritikfähig und neugierig aufs Leben sein.

Why – Warum dieses Buch?

Zufriedenheit

Mein älterer Sohn (das Pubertier) hat einen neuen Lieblingsspruch: »Bestes Leben.« Noch vor drei Jahren wurde er ausgegrenzt, von seinen Kumpels betrogen, belogen, beklaut und gemobbt. Die Konsequenzen waren hart für ihn: Er ist sitzen geblieben. Musste das tun, was er am meisten hasst: neue Freunde finden, mit einer neuen Situation klarkommen. Wegen einer dummen Situation, die er selbst verschuldet hatte, musste er dann noch mal die Klasse wechseln und kam in die Parallelklasse.

Kleine Dinge waren eine Katastrophe. Mein Sohn ist ein Schöngeist, der extrem gut auf seine Sachen aufpasst. Ein Kratzer am Handy entsprach dem Leiden des jungen Werthers, das eine Woche lang anhielt. Nun war ihm sein selbst finanziertes iPhone X runtergefallen. Dicke Macke im Display. Er guckte mich an und sagte: »Sche....« Eine Stunde später war sein Kumpel da. Sie lachten und hatten Spaß. Ich fragte nach: »Ärgerst du dich nicht wegen deines iPhones?« Er antwortete gelassen: »Shit happens. Muss halt besser aufpassen.« Ich hakte noch mal nach: »Und was machst du jetzt?« Er wiederum entspannt: »Mehr jobben gehen, um mir 'n neues Display zu kaufen.«

Ich liebe diese Zufriedenheit meines Sohnes, eigentlich die meiner beiden Söhne. Woran ich ihre Zufriedenheit noch erkenne? Sie haben kaum Wünsche zu Weihnachten. Nicht, weil ich ihnen alles kaufe. Da bin ich sehr weit von entfernt. Sie sind zufrieden mit dem, was sie haben und was ich ihnen ermögliche. Zufriedene Kinder ruhen in sich. Dieses Buch hilft dir, die Zufriedenheit deiner Kinder zu steigern.

Selbstbewusstsein

Mein älterer Sohn kommt nach Hause, zeigt mir stolz den Bericht der Schule über die Klassenfahrten. Er wird darin zweimal namentlich erwähnt. Er grinst wie ein Honigkuchenpferd. Selbstbewusst hatte er auf der Klassenfahrt den Guide gespielt, obwohl er noch nie in Hamburg war. Er hat all die Sachen angewandt, die ich ihm beigebracht habe. Na ja, und er hat sein iPhone gut bedienen können. Auf jeden Fall wurde er von den Lehrern als vertrauenswürdig eingestuft. Das war für ihn das vielleicht größte Kompliment, das er bekommen konnte, nachdem er zuvor wegen seines Verhaltens die Klasse hatte wechseln müssen.

Das noch größere Kompliment macht er unbewusst damit mir. Als ich mich von seinem Vater trennte, war er gerade fünf Jahre alt. Damals war sein Selbstbewusstsein unterirdisch klein. Ich erinnere mich daran, wie wir im Freibad waren und er anderen Kindern beim Spielen zuguckte. Er traute sich nicht, näher ranzugehen, geschweige denn zu fragen, ob er mitspielen dürfe. Bis vor ein paar Jahren hat er immer versucht, mich vorzuschicken, was ich natürlich mit seinem fortschreitenden Alter nicht mehr getan habe. Alles, was ich gemacht habe, um meinem Sohn zu diesem Selbstbewusstsein zu verhelfen, teile ich mit dir in diesem Buch, in der Hoffnung, dass dir deine Kinder bald auch ein solches oder anderes schönes Kompliment machen.

Why – Warum dieses Buch?

Kritikfähigkeit
Es war vor circa vier Jahren: Ich bin mal wieder zur Schule gerufen worden. Mein Junior hat sich von seiner charmantesten Seite gezeigt. Die Lehrerin will mit ihm in meinem Beisein sprechen. Sie beginnt mit einer Ladung Vorhaltungen darüber, was er alles nicht machen darf. Und wie reagiert er? Er steckt sich die Finger in die Ohren und singt ein Lied. Die Lehrerin guckt mich daraufhin hilfesuchend an und meint: »Sehen Sie, Ihr Sohn ist überhaupt nicht kritikfähig.«

Ja, mein Sohn ist in der Tat nicht kritikfähig im Sinne von: Ich schmeiße ihn verbal zu mit all seinen falschen Verhaltensweisen. Ich kenne kaum Menschen, die in diesem Sinne kritikfähig sind. Aber wenn ich ihm erst etwas sage, was sein Herz berührt oder seine Seele streichelt, dann kann ich ihm danach auch eine Rückmeldung darüber geben, wie er etwas das nächste Mal besser machen kann, um ein anderes Ergebnis zu bekommen; in diesem Fall: nicht von der Mama abgeholt werden zu müssen. Der Rhetoriktrainer Michael Ehlers nennt das in seinen Seminaren: Feedback geben. Unbewusst habe ich das bei meinen Kindern schon oft angewandt. Bewusst eingesetzt, erhöht das die Kritikfähigkeit meiner Kinder enorm, obwohl ich dieses Wort an sich schon blöd finde: kritikfähig. Geht es nicht vielmehr um die Idee, dass ungünstiges Verhalten verstanden und verändert werden will? Ob dies in der Kindererziehung gelingt, ist maßgeblich vom Verhalten der Erwachsenen abhängig. Kinder haben eine größere Fähigkeit zur Veränderung, als wir uns vorstellen können.

Neugier

Mein Kurzer ist neugierig. Manchmal denke ich, dass er glaubt, ich sei Mrs. Google. Dabei hat er mehr Allgemeinwissen als ich. Um seinen ständigen Fragen etwas entgegenzubringen, habe ich Alexa angeschafft. Alexa ist ein sogenannter virtueller persönlicher Assistent in Lautsprecherform. Mit dem Internet verbunden, sucht das Gerät Antworten auf die ihm gestellten Fragen und teilt sie über eine Sprachausgabe-Funktion mit. Im Prinzip handelt es sich um einen laut kommunizierenden Computer. Alexa darf meinem Kurzen also jetzt seine unendlichen Fragen beantworten. Im Übrigen sind meine Söhne in dieser Hinsicht wie Feuer und Wasser. Mein Pubertier hat nicht so viele Interessen. Aber meine eigene Entwicklung und die Gespräche besonders im vergangenen Jahr haben auch ihn neugierig gemacht, neugierig auf das Leben.

Eigentlich sind Kinder von sich aus neugierig. Sie wollen alles entdecken, erkunden und verstehen. Doch der stark in unserer Gesellschaft verankerte Glaubenssatz vom »Funktionieren-Müssen« trainiert ihnen diese wunderbare Eigenschaft wieder ab. Es ist ein absolutes Geschenk, wenn Kinder ihre Neugier behalten können oder wiederentdecken. Dies ist aber nicht nur ein tolles Geschenk bei Kindern, sondern auch bei Erwachsenen. Sie haben es noch viel mehr verlernt, neugierig zu sein, die Welt zu entdecken, das Unmögliche möglich zu machen. Ich hoffe sehr, dass du und dein Kind durch dieses Buch wieder neugierig werdet. Neugierig auf das Leben.

Zweites Kapitel

Emotionen als Basis für eine gute Entwicklung

*»Mama, warum gibt es keinen Schalter für Herzen?
Dann kann ich es einfach ausschalten, wenn es wehtut.«*

Wie ticken wir Menschen eigentlich? An dieser Stelle spielt es kurz mal keine Rolle, ob wir von Kindern oder Erwachsenen sprechen. Wir alle sind Menschen und »funktionieren« nach den gleichen Rahmenbedingungen. Klar gibt es entwicklungspsychologische Unterschiede. Aber weißt du, wie du als Mensch im Allgemeinen funktionierst? Wenn wir das klar haben, ist es viel einfacher, unsere Kinder zu verstehen.

Auf die psychischen Grundbedürfnisse gehe ich aber später ein, da zuvor etwas noch Wichtigeres steht. Denn wir alle brauchen viel mehr als nur die reine Erfüllung dieser Grundbedürfnisse. Die Grundlage unseres menschlichen Seins sind unsere Gefühle. Diese lenken, leiten und bestimmen uns. So speichern wir zum Beispiel erlebte Erfahrungen in unserem Gedächtnis in Form von Gefühlen ab. Mache an dieser Stelle doch mal einen Selbsttest: Erinnere dich an eine schöne Erfahrung, vielleicht deinen letzten wirklich schönen Urlaub oder eine Situation, in der du gelobt wurdest. Sobald du daran denkst und in diesem Gedanken verweilst, stellt sich das gleiche Gefühl von Leichtigkeit, Freude oder Stolz ein, welches du in dieser Situation hattest, oder? Leider funktioniert dies in beide Richtungen. Das heißt, auch unsere negativen Erfahrungen sind auf diese Art und Weise abgespeichert: als Gefühle. Diese Gefühle bestimmen wiederum unser Handeln. Sind wir also zum Beispiel einmal in einer Situation blamiert worden, werden wir in Zukunft solche oder ähnliche Situationen meiden, um dieses Gefühl nicht wieder erleben zu müssen. Deshalb ist es so unendlich wichtig, zu wissen, wie wir funktionieren, auf welche Gefühle wir positiv reagieren und vor allem, welche Erfahrungen von Gefühlen wir und insbesondere Kinder benötigen, um sich gut zu entwickeln.

Liebe

Liebe sei hier als das grundlegende und wichtigste aller Gefühle genannt. Ohne Liebe, also zum Beispiel durch eine Art mechanische Erfüllung der anderen Grundbedürfnisse, bleibt das Resultat dennoch: Mangelerfahrung.

»Hey, Moment mal. Also, das ist doch nun klar: Ich liebe mein Kind«, denkst du dir jetzt bestimmt. Ja, natürlich liebst du dein Kind. Ich selber lebe in meiner Erziehung nach Reinhard Meys Motto: »Ich mach mit Liebe alles falsch, so gut ich kann«.[8] Und auch wenn Eltern ihre Kinder lieben, ist das Verständnis von »Liebe« absolut unterschiedlich und leider oft auch sehr verdreht.

Vor Kurzem ergab sich ein Gespräch zwischen meinem Sohn und mir: »Mama, wenn du jemanden wirklich hasst und dieser Mensch begeht eine Straftat, würdest du ihn dann anzeigen?« – »Nein Schatz, ich würde nur denjenigen anzeigen, den ich liebe.« Er guckte mich verwirrt an: »Also würdest du mich anzeigen, wenn ich eine Straftat begehe? Auch wenn ich dann ins Gefängnis müsste?« Ich antwortete: »Ja, eben weil ich dich liebe. Ich will es dir erklären. Erstens: Ich hasse niemanden wirklich. Es gibt Menschen, die mir nicht wichtig sind; sie sind mir sozusagen egal. Hass ist eine Emotion, die mir nicht guttut, also versuche ich, mich nicht in diese Emotion hineinzubegeben. Solltest du eine Straftat begehen, würde ich als erstes mit dir sprechen und versuchen, so viel Verständnis in dir zu wecken, dass du es nicht wieder tust. Sollte dies nicht gelingen, würde ich dich anzeigen, eben weil ich dich lieb habe und ich möchte, dass du die Konsequenzen für dein Handeln verstehst. Wenn das hieße, dass du dafür ins Gefängnis musst, dann wäre das nun mal so. Ich täte es in der Hoffnung, dass du dadurch in der Lage bist, dein Handeln zu überprüfen und zu ändern. Und all das würde ich machen, weil du mir nicht egal bist.« Er nickte verwundert.

Wir alle haben diesen Instinkt, der dafür sorgt, dass wir unsere Kinder beschützen möchten. Aber oft ist dabei nicht wirklich die Liebe unsere Triebfeder, sondern Angst. Die Angst ist der Gegenspieler der Liebe. Aus all meiner Erfahrung in der Psychologie, der Psychotherapie, aber auch im Leben selbst habe ich eine Erkenntnis gewonnen: Eigentlich gibt es sozusagen nur zwei Grundemotionen – Liebe und Angst. Aus der Liebe entspringen all die wunderbaren Emotionen wie Glück, Freude, Leichtigkeit, Zufriedenheit, Vertrauen usw. Aus der Angst entspringen die »negativen« Emotionen wie Panik, Sorge, Hass, Eifersucht etc. Oftmals, wenn wir also denken, aus Liebe zu handeln, ist es eigentlich die Angst, die uns steuert.

Mein großer Sohn ist eine zarte Seele. Heute würde ich sagen, er hat einen besonderen Feinsinn. Es ist ihm lange Zeit sehr schwergefallen, loszulassen und sich in einer neuen Gruppe zu integrieren. So hat er zum Beispiel sehr lange seinem Kindergartenfreund hinterhergetrauert, als dieser in den Norden zog. In der weiterführenden Schule gab es dann Schwierigkeiten. Er wurde eine kurze Zeit gemobbt und seine Noten verschlechterten sich drastisch. Dennoch war nicht das Mobbing an sich das Schlimmste für ihn, sondern in dessen Folge der Gedanke daran, sich in eine neue Klasse einfinden zu müssen. Da ich meinen Sohn sehr liebe, habe ich alles versucht, um die Schule dazu zu bewegen, ihn in seiner ursprünglichen Klasse zu lassen – ohne Erfolg. Erst hinterher habe ich verstanden, dass eigentlich Angst meine Motivation war und nicht Liebe. Die Angst, die er selbst formulierte, habe ich in meinem Kopf noch größer werden lassen: »Wenn er da keine Freunde findet? Wenn er durch den Klassenwechsel den Anschluss ganz verliert? Muss er dann die Schule verlassen und bekommt einen schlechteren Schulabschluss, als ihm eigentlich möglich ist?«

Kennst du solche Situationen auch? Wir sagen, wir wollen unser Kind schützen, weil wir es so sehr lieben. Doch man muss ja nur da schützen, wo eine Gefahr ist. Unsere Gedanken scheinen sich nur allzu schnell zu verselbstständigen und auf einmal gibt es tausend vermeintliche Szenarien, vor denen wir unsere Kinder »beschützen« müssen – aus Liebe, natürlich! Aber eigentlich ist unser Antrieb Sorge; und Sorge entspringt der Angst und nicht der Liebe.

Aber was meine ich nun genau mit Liebe, was ist das eigentlich?

In Liebe begründen sich alle positiven Erfahrungen, die wir uns vorstellen können oder bereits gemacht haben. Liebe setzt die Energie frei, die das Unmöglich möglich werden lässt. Sie ist im tiefsten Inneren der Grund unseres Seins (auch wenn dies jetzt ein wenig pathetisch klingen mag). Die Erfahrung der reinen Liebe ist das, wonach unser Innerstes strebt und sich sehnt. Für Kinder ist es das notwendigste Lebenselixier für Wachstum. Und selbst wir Erwachsenen tragen diese Sehnsucht nach Liebe in uns.

An dieser Stelle möchte, ja sogar muss ich aus der Bibel zitieren, aus dem Hohelied der Liebe (1. Korinther 13, 4–7):

»Die Liebe ist langmütig und freundlich, die Liebe eifert nicht, die Liebe treibt nicht Mutwillen, sie bläht sich nicht auf, sie verhält sich nicht ungehörig, sie sucht nicht das ihre, sie lässt sich nicht erbittern, sie rechnet das Böse nicht zu, sie freut sich nicht über die Ungerechtigkeit, sie freut sich aber an der Wahrheit; sie erträgt alles, sie glaubt alles, sie hofft alles, sie duldet alles.«

Ich ergänze an dieser Stelle: Liebe ist unendlich. Sie hört niemals auf. Und ein Kennzeichen von Liebe ist Freiheit.

Na, bezogen auf Kindererziehung kann das ja spaßig werden. Erziehung nach dem Motto »sie glaubt alles, sie hofft alles, sie duldet alles« gleicht doch wohl eher einem Selbstzerstörungskommando. Zumindest, wenn wir an die Situationen denken, in denen unsere Kinder nicht aufräumen, ihre Hausaufgaben nicht machen wollen oder grundsätzlich gegen alles sind, was wir Erwachsenen sagen. So ist es natürlich auch nicht direkt gemeint. Aber wie wäre es, wenn du eine derartige Art von Liebe in dir hättest und sie leben könntest, sodass diese Dinge so gut wie gar nicht vorkommen? Oder du durch die Liebe einen guten und gelassenen Umgang damit wüsstest?

Stell dir die reinste Liebe vor, ohne Angst und Zweifel. Diese Form von Liebe, nach der sich dein Herz sehnt. Es gibt keine Worte, die dieses Gefühl wirklich beschreiben können. Es ist ein tiefes Wissen und Erkennen in dir. Dieses Gefühl, das dein Herz weit macht, mit dem sich Freude, Gelassenheit, Freiheit und Dankbarkeit breitmachen. Was wäre nun, wenn ich dir jetzt sagte, dass diese Liebe in dir wohnt – auch wenn du dich vielleicht selbst nach ihr sehnst und sie im menschlichen Miteinander bisher nicht erfahren hast?

Meine ganze Lebensgeschichte ist eine Bestätigung dessen und inzwischen habe ich eine große und tiefe Gewissheit bezüglich des menschlichen Seins: Jeder Mensch trägt diese allumfassende Liebe in sich. Es ist nur die Frage, ob wir sie zulassen. Ob wir den Mut haben, die Angst beiseite zu schieben und uns drauf einzulassen. Ich höre oft, wie besonders junge Menschen darauf warten, dass andere ihnen diese Liebe zuteilwerden lassen. Letztlich sehnt sich eigentlich jeder danach, dass diese Liebe von außen zu ihm kommt. Die Wahrheit ist aber, dass sie bereits in jedem selbst wohnt. Kein anderer Mensch kann dieses Bedürfnis vollkommen füllen. Nur du selbst. Bist du bereit dazu?

Ich habe es getan und tue es noch, jeden Tag aufs Neue – mal mit mehr, mal mit weniger Erfolg. Ich habe dadurch Depressionen und Suizidalität hinter mir lassen können. Meine zwischenmenschlichen Beziehungen sind aufgeblüht, der berufliche Erfolg hat sich eingestellt und was noch viel schöner und wichtiger für mich ist: Die Erziehung meiner Kinder ist leicht geworden und macht Spaß! Ich sage dies, obwohl ich Zeiten hinter mir habe, in denen ich alles hinschmeißen, meinen Pflegesohn »zurückgeben« wollte und dachte, dass ich das alles niemals schaffen könne.

Also – willst du dich aufmachen und diese Liebe zulassen? Stell dir einmal vor, was dies für deine Kinder bedeuten könnte? Sie dürften die Erfahrung dieser Liebe durch dich machen und könnten sich schneller erinnern, dass auch sie diese Liebe in sich tragen. Wenn jeder nach diesem Prinzip leben würde, hätte das undenkbar weitreichende, positive Folgen. Unsere gesamte Gesellschaft würde sich ändern. Die Bildungsrevolution würde einfach stattfinden, ohne großartig ge- und zerplant zu werden. Denn nach und nach würde ein kollektives Bewusstsein darüber entstehen, dass unser jetziges Bildungssystem auf Angst und Macht beruht. Angst und Macht sind jedoch nicht Bestandteil von Liebe. Daher werde ich in den nächsten Kapiteln aufzeigen, wie wir diese Liebe in unseren Alltag mit unseren Kindern integrieren können – anhand unserer Grundbedürfnisse.

Grundbedürfnisse

Uns allen sind unsere physischen Grundbedürfnisse sehr wohl bekannt. Ohne Nahrung – sowohl flüssiger als auch fester Natur – läuft nichts. Was den meisten Menschen aber nicht bewusst ist: Wir haben auch psychische Grundbedürfnisse. Werden diese nicht gestillt, hat das ähnlich gravierende Folgen wie fehlende Nahrung. Diverse unmenschliche Versuche an Kindern haben gezeigt, dass das Nicht-Erfüllen wichtiger Teile dieser Grundbedürfnisse lebenslange psychische Schäden, Entwicklungsverzögerungen, Intelligenzminderung und manchmal auch den Tod zur Folge hat.[9]

Der Psychotherapeut Klaus Grawe nimmt eine Unterteilung in vier psychische Grundbedürfnisse vor, die ähnlich elementar sind wie unsere physischen Grundbedürfnisse. Diese sind: Bindung und Zugehörigkeit, Orientierung und Kontrolle, Lustgewinn und Unlustvermeidung sowie Selbstwerterhöhung und Selbstwertschutz.[10] Handeln und Denken werden unbewusst durch diese Grundbedürfnisse gesteuert. Unser innerstes Sein will diese Bedürfnisse unbedingt erfüllt wissen, genauso, wie Körper und Geist nach Nahrung streben – vor allem dann, wenn nicht genug davon zur Verfügung zu stehen scheint.

Bindung und Zugehörigkeit

Bindung ist unser wichtigstes psychisches Grundbedürfnis. Es ist mit dem physischen Grundbedürfnis nach Nahrung und Flüssigkeit gleichzusetzen. An dieser Stelle möchte ich eine Geschichte erzählen, die in Russland stattgefunden haben soll: In einem Waisenhaus wurde ein Versuch durchgeführt, bei dem Säuglinge in zwei Gruppen aufgeteilt wurden. Die eine Gruppe von Babys wurde ganz normal von Ammen versorgt. Die zweite Gruppe befand sich ebenfalls in Obhut von Ammen, wurde jedoch rein »mechanisch« betreut: Das Personal wechselte Windeln und fütterte die Babys. Die ausführenden Personen durften jedoch kein Wort mit den Kleinen sprechen, keinen »unnötigen« körperlichen und besonders keinen emotionalen Kontakt aufbauen, ihnen kein Bindungsangebot machen. Die Anweisung bestand darin, diese Babys hinsichtlich der physischen Grundbedürfnisse zu versorgen, aber ebenso, wie es auch ein Roboter machen würde. Die Geschichte besagt, dass über 70 Prozent der Babys dieser zweiten Gruppe verstarben.[11]

Dieses Beispiel gibt Aufschluss darüber, wie wichtig Bindung ist. Natürlich sehnt sich allgemein jeder Mensch nach Zugehörigkeit, für die kindliche Entwicklung ist ein Bindungsangebot jedoch elementar. Es ist sogar so elementar, dass es gelegentlich über die Grenzen des Verständnisses hinausgehen kann. Manch einer mag sich zum Beispiel fragen, warum ein Kind seinen schlagenden Vater glorifiziert, anstatt das Weite zu suchen. Der Grund darin liegt in dieser menschlichen Sehnsucht nach Bindung und Zugehörigkeit. In meiner Praxis erlebe ich beispielsweise (in dem Fall weibliche) Teenager, die auf eigenen Wunsch ihr Elternhaus verlassen haben, weil die Eltern gewalttätig sind und täglich zu viel Alkohol konsumieren. Dennoch besuchen die meisten dieser Teenager ihre Eltern immer und immer wieder, obwohl sie jedes Mal aufs Neue enttäuscht werden. In der Folge versuchen sie, dieses Loch über andere Menschen zu stopfen und gehen zum Beispiel Beziehungen mit jungen Männern ein, die ihnen nicht guttun. Immer in der Hoffnung, dass der eine dabei ist, der ihnen das Bindungs- und Zugehörigkeitsgefühl gibt, nach dem sie sich so sehnen.

Ein anderes Beispiel: Eine junge Mutter nahm mit mir Kontakt auf, weil ihr Kind nicht anfangen wollte zu sprechen. Es war inzwischen ca. 20 Monate alt und sagte noch nicht einmal einzelne Worte. Im Gespräch stellte sich heraus, dass diese junge Mutter einfach nicht mit ihrem Kind sprach. Sie machte ihm den Fernseher an und auch beim Füttern schaute sie nur auf ihr Handy. Ein Fernseher kann zwar Worte wiedergeben, macht aber eben auch kein Bindungsangebot. Das sind sicherlich Extreme. Aber es erklärt, warum manche Kinder auch in der Schule nicht an ihr eigentliches Potenzial herankommen.

Die von mir gern benutzte Redewendung »Bindung geht vor Bildung« beinhaltet viel Wahrheit. Aber was ist damit genau gemeint? Ganz einfach: Ein Kind, welches kein verlässliches Bindungsangebot hat, ist auch nicht aufnahmebereit für »Lernstoff« jeglicher Art. Das Baby lernt nicht sprechen, weil die Mutter nicht mit ihm spricht. Ein Schüler kann sich nicht konzentrieren, keine Bildung aufnehmen, weil er vielleicht zu Hause kein verlässliches Bindungsangebot bekommt, aus der Peergroup[12] ausgeschlossen oder gar gemobbt wurde, oder weil der Lehrer sich nicht als Bezugsperson zur Verfügung stellt. Das Schema ist deutlich: Ohne Bindungsangebot funktioniert auch die Bildung nicht.

Aber was ist Bindung nun genau? Nach der Bindungstheorie von John Bowlby, einem der Pioniere der Bindungsforschung, gibt es unterschiedliche Arten von Bindung: Sichere Bindung, unsicher-vermeidende Bindung, unsicher-ambivalente Bindung und desorganisierte Bindung.[13] Ein gutes Bindungsangebot herzustellen, damit unsere Kinder eine sichere Bindung aufbauen können, ist für Eltern doch meist das höchste Ziel. Und natürlich machen die meisten Eltern ihren Kindern ein solches Angebot – die Frage ist nur, welche Qualität dieses hat. Zur Veranschaulichung ein kurzer Exkurs in meine eigenen Kindheitserfahrungen:

Es hat uns Kindern an nichts gefehlt. Mein Vater war viel arbeiten, aber zu jedem Abendessen war er da und wir haben alle zusammen gegessen und geredet. Meine Mutter war fast immer zu Hause. Sie hat uns (meine beiden Schwestern und mich) gut versorgt, sich um uns gekümmert, mir Handarbeiten, Kochen, Backen usw. beigebracht. Fast jede Ferien haben wir im gemeinsamen Familienurlaub verbracht. An Weihnachten war unsere Oma immer da und Silvester haben wir mit der Großfamilie gefeiert. Meine Eltern waren verlässlich, ansprechbar und anwesend. Nach Bowlby waren damit also gute Voraussetzungen für eine sichere Bindung gegeben. Dennoch habe ich mich immer nur bedingt zu meiner Familie zugehörig gefühlt – und das bis heute. Außerdem würde ich trotz der guten Versorgung und Erziehung nicht meine Eltern, sondern meine Schwester als die Person beschreiben, die mein Bedürfnis nach Bindung erfüllt hat. Woran liegt das? Ich war schon immer irgendwie anders, hatte andere Ideen. Manche würden vielleicht sagen, ich war das »schwarze Schaf«. Das trifft es aber nicht, da ich in der Familie nie zu kurz gekommen oder ausgegrenzt worden bin. Nur in einer Sache fehlte etwas: Ich habe mich selten verstanden gefühlt in meiner Art des Seins und Denkens. Meinem Empfinden nach kam ich in dieser meiner Familie selten vor; es war nicht wichtig, was ich fühlte und dementsprechend wurde auch nicht darauf eingegangen. Mein Bedürfnis nach Bindung hat in den frühen Jahren unser Hund gestillt, mit dem ich endlose Runden gedreht habe, der mir zugehört hat und bei dem ich das Gefühl hatte, er versteht mich. Später war es meine ältere Schwester. Sie hat mich mitgenommen, war da als emotionales Gegenüber. Meine Eltern haben eben auch, wie wir alle, »mit Liebe alles falsch gemacht, so gut sie konnten«. Heute ist unser Verhältnis so gut wie nie zuvor.

An dieser Stelle schließt sich der Kreis. Verlässlichkeit, Ansprechbarkeit, Anwesenheit, Fürsorge – das sind alles gute Werte, die eine sichere Bindung hervorrufen können. Fehlt jedoch das emotionale Gegenüber, wird es schwierig. Da geht es nicht darum, was du als Vater, Mutter, Erzieher, Lehrer oder Pädagoge denkst. Es geht darum, was bei dem Kind ankommt. Bindung ist eine Gefühlssache. Liebe (in der zuvor genannten Qualität) ist die beste Grundlage, um diese Bindung schenken zu können. Zusätzlich bedarf es aber auch der Fähigkeit, das Ganze aus der Sicht des Kindes sehen zu können. Da dieser Aspekt nicht zu unterschätzen ist, widme ich ihm ein ganzes Kapitel.

Zugehörigkeit ist vermeintlich schnell hergestellt: Kinder werden in eine Familie hineingeboren, also gehören sie zu dieser Familie. So meint man, das Zugehörigkeitsgefühl sei schnell gegeben. Aber bei genauerem Hinsehen zeichnen sich innerhalb von Familien oft kleine Allianzen ab. Der Vater mit dem Sohn, die Mutter mit der Tochter. Und das dritte Kind? Zu wem fühlt es sich zugehörig? Geschwisterrivalität ist ein häufiger Grund für das Aufsuchen von psychotherapeutischer Hilfe. Kinder äußern dabei Hass gegen ihre Schwester oder ihren Bruder. Dies liegt fast immer darin begründet, dass sich das Kind nicht zugehörig fühlt. Oder besser gesagt: Es spürt, dass der Bruder/die Schwester dem Papa/der Mama näher ist. Das Kind möchte lediglich das gleiche Zugehörigkeitsgefühl wie seine Geschwister, kann das aber natürlich nicht über Sprache äußern; ist es doch schließlich ein subtiles Gefühl von »Ich komme zu kurz« auf der Grundlage des Grundbedürfnisses nach Zugehörigkeit und Bindung. Das älter werdende Kind sucht Zugehörigkeit zu Gleichaltrigen in der zuvor bereits erwähnten Peergroup. Findet es keinen Anschluss, wird ausgegrenzt oder gar gemobbt, hat dies meist stärkere Folgen als augenscheinlich ersichtlich. Denn neben den kränkenden und verletzenden Beleidigungen geht es wieder um die Nicht-Erfüllung eines unserer tiefsten Grundbedürfnisse. Ob dieses Bedürfnis nach Zugehörigkeit und Bindung erfüllt wird, kann übrigens nur der betroffene Mensch selbst ganz subjektiv sagen, da es sich um ein Gefühl handelt und jeder dies anders wahrnimmt.

Orientierung und Kontrolle

Stell dir vor, du bist oben in den Bergen. Ganz oben führt dich ein sehr schmaler Pfad weiter. Rechts und links geht es bedrohlich steil in die Tiefe. Wie sicher fühlst du dich, diesen Pfad zu gehen? Wie sicher würdest du dich fühlen, wenn es links und rechts ein Geländer zum Festhalten und zur Orientierung gäbe oder gar eine Mauer zum Schutz? Wir alle brauchen Orientierung und das Gefühl, eine Situation kontrollieren zu können. Haben wir beides, fühlen wir uns sicher und sind zu Heldentaten bereit. Bei Kindern ist das noch viel ausgeprägter.

Kinder kommen grenzenlos auf die Welt. Sie kennen die Begrenzung aus dem Mutterleib, doch danach ist es vorbei mit dem Kennen. Sie werden förmlich in die Weite des Lebens geworfen. Sie müssen die Welt erst entdecken. Dies machen sie durch Erfahrungen. Erfahrungen wie die, dass man sich an einer Tischkante den Kopf stoßen kann, dass hinfallen wehtut, dass die Herdplatte heiß ist. »Moment mal! Vor diesen negativen Erfahrungen möchte ich mein Kind doch schützen«, denkst du jetzt vielleicht. Das ist auch gut so. Kinder brauchen Orientierung und das Gefühl, die Kontrolle behalten zu können, genau wie wir. Manche Erfahrungen sollten sie einfach selbst machen (sonst würden sie ja beispielsweise auch nie laufen lernen). Vor anderen können wir sie aber meistens schützen (heiße Herdplatte). Und dennoch gibt es einen großen Unterschied zwischen dem Bedürfnis von Kontrolle und dem Kontrolliertwerden. Wir neigen dazu, unsere Kinder zu kontrollieren und ihnen Begrenzungen in Form von Regeln im Übermaß zu geben. Dabei geht es vielmehr darum, einen Rahmen zu schaffen, in dem Kinder das Gefühl erlangen, dass sie alles unter Kontrolle haben. Es geht darum, ausreichend Orientierung im Guten zu geben, an die unsere Kinder sich halten können, wenn sie selbst einmal ins Schlingern geraten.

Und dennoch leben wir in einer Welt, in der es immer weniger Orientierung gibt. Früher haben alle Bezugspersonen zumindest in etwa die gleiche Richtung hinsichtlich der Erziehung eingeschlagen. Mama, Papa, Tante, Onkel, Oma, Opa, Lehrer, Erzieher – alle hatten zumindest eine ähnliche Vorstellung von dem, was für Kinder richtig und wichtig ist. Heute erlebe ich eine große Verunsicherung bei Eltern. So blicke ich immer wieder in erstaunte Elternaugen, wenn ich schon im Erstgespräch deutlich mache, dass ich Mitarbeit erwarte. Ich mache darauf aufmerksam, dass ich unbequem werde und dass ich sage, was ich denke – auch und vor allem in Bezug auf das, was Eltern ändern können oder sollen. Nach dem ersten Schrecken macht sich meist Erleichterung breit: »Das ist in Ordnung. Dann sagt uns zumindest mal einer, was wir tun können.« Eltern fühlen sich immer öfter überfordert und alleingelassen. Aber wenn es schon den Eltern so geht, wie sollen sich dann erst die Kinder fühlen? Immer mehr Kindergärten leben das »freie Konzept«, in dem Kinder selbst entscheiden, wann sie wohin gehen. Meines Erachtens wird hier das Grundbedürfnis nach Orientierung und Kontrolle sträflich vernachlässigt. In Grundschulen wird hingegen so viel Orientierung in Form von Verhaltensregeln, Müllordnungen etc. gegeben, dass die Kinder eigentlich reizüberflutet werden. Dabei sollte es doch auch gerade hier um eine klare Orientierung für ein Gefühl von Sicherheit und Kontrolle gehen.

Kinder kommen also ohne Grenzen auf die Welt. Unsere Aufgabe als Eltern, Erzieher, Pädagogen und Lehrer ist es, ihnen die Orientierung zu geben, die sie benötigen, um sich sicher zu fühlen. Bestenfalls geschieht dies auf der Grundlage von Liebe und einem guten Bindungsangebot. Orientierung wird u. a. durch sinnvolle Regeln mit noch sinnvolleren Konsequenzen gegeben, kurz gesagt durch Rituale und Regeln, die Spaß machen.

Wir alle haben das Bedürfnis, unser Leben unter Kontrolle zu haben. Fast all unsere Gewohnheiten und Marotten sind diesem Bedürfnis untergeordnet. Es mag absurd klingen, aber eine Frau, die von ihrem Mann geprügelt wird, bleibt genau wegen des Bedürfnisses nach Kontrolle mit ihm zusammen. Geschlagen zu werden ist zwar nicht ihr Wunsch, aber sie weiß genau, wann was passiert, kann es vorhersehen und damit auch irgendwie kontrollieren. Eine Trennung hingegen würde unter anderem finanzielle und gesellschaftliche Unsicherheit bedeuten. Daher bleibt sie dort, wo sie sicher weiß, was sie bekommt. Kinder und Jugendliche entwickeln oft Störungen, wenn ihnen ihr Bedürfnis nach Kontrolle nicht erfüllt wird. Selbstverletzendes Verhalten, Essstörungen oder auch

Zwänge entspringen dem Bedürfnis, etwas – am besten das eigene Leben – kontrollieren zu können. Gelingt dies nicht, so können sie zumindest zum Beispiel ihr Gewicht unter Kontrolle halten.

Kontrolle kann in diesem Kontext auch mit Vorhersehbarkeit gleichgesetzt werden. Auch deswegen sind Regeln, Rituale und voraussehbares Verhalten für Kinder so unendlich wichtig. Wenn ein Kind auf dieselbe Frage fünfmal »Ja« und sechsmal »Nein« zur Antwort bekommt, ist es verunsichert. Es weiß nicht, was kommt, da nicht vorhersehbar ist, wie die Erwachsenen beim nächsten Mal reagieren werden. Dies ist dann oft ein Grund, diese Frage immer und wieder zu stellen. Das Kind möchte eine Vorhersehbarkeit ableiten, die Kontrolle behalten. In einer Gesellschaft, in der Rituale, Bräuche und Regelmäßigkeit immer unwichtiger werden, ist es für Kinder umso schwieriger, sich sicher zu fühlen.

Kontrolle hat auch etwas mit Selbstbestimmung zu tun. Jeder, der Kinder hat, kennt diese Phase. Das Kind will sich die Gummistiefel anziehen. Die Mama sieht, dass es nicht gut klappt und will helfen. Das einzige, was das Kind darauf immer wiederholt ist: »Alleine. Alleine. Alleine.« Das Kind möchte keine Hilfe, es möchte es selbst schaffen. Wie oft erklären wir Kindern, wie sie dieses oder jenes genau zu machen haben – und wie oft machen Kinder es dann auf ihre selbstbestimmte Weise. Eben weil es unser menschliches Grundbedürfnis ist, in Selbstbestimmung zu leben. Wir als Erwachsene haben die Aufgabe, ihnen dafür zwar den sicheren Rahmen zu bieten, aber ihnen eben nicht alles abzunehmen. Daher ist es für die Entwicklung von Kindern zum Beispiel nicht hilfreich, sie zur Schule zu fahren, ihnen den Schulranzen zu tragen, ihnen das

Leben und die Selbstbestimmung abzunehmen. Viel sinnvoller ist es hingegen, ihnen zu zeigen, wie sie ihre Selbstbestimmung ihrem Alter entsprechend ausleben können. Doch Achtung: Es geht auch nicht darum, sie einfach alles machen zu lassen, denn dann fehlt ihnen wiederum die notwendige Orientierung. Es geht um einen sicheren Rahmen der Orientierung, der Freiraum schafft zum selbstbestimmten Entdecken. Was uns Erwachsenen am meisten im Weg steht, diesen angemessenen Rahmen zu schaffen, ist die Angst: Angst, dem Kind zu schaden; Angst, selbst nicht alles unter Kontrolle zu haben; Angst, dass Kinder etwas anders machen, als wir es wollen. Angst war jedoch noch nie ein guter Ratgeber.

Lustgewinn und Unlustvermeidung

Während ich dieses Kapitel schreibe, wird mir selbst noch einmal mehr bewusst, wie viele unserer tief urmenschlichen Bedürfnisse wir unseren Kindern in der Kindheit abtrainieren. Gleichzeitig aber wundern wir uns dann darüber, warum Jugendliche sich so verhalten, wie sie sich verhalten.

Hast du schon mal einem Kleinkind dabei zugeschaut, wie es sich lustvoll am Teppich reibt und sich so schon im zarten Kleinkindalter selbst Freude bereitet und seinen Körper entdeckt? »Aber das geht doch nicht. Das schickt sich nicht!«, wirst du jetzt vielleicht denken oder sagen. Doch, das geht. Dieses Verhalten ist dem Bedürfnis geschuldet, sich selbst lustvolle und erfreuliche Erfahrungen zu bereiten. Da wir solche Aktivitäten jedoch bei kleinen Kindern direkt unterbinden, da es sich nicht schickt, müssen Ersatzbefriedigungen her für die erfreulichen und lustvollen Erfahrungen. Wen wundert es da, wenn Kinder bzw. Jugendliche ihre Chancen nutzen und Drogen konsumieren, exzessiv shoppen gehen oder nur noch vor der Spielekonsole hocken wollen? Sie gehen ihrem Grundbedürfnis nach. Da sie in einer Welt leben, in der schon früh alles, was lustvoll oder erfreulich ist, verboten oder eingeschränkt wird, haben sie keine andere Wahl, als es sich woanders zu suchen. Mit lustvollen Erfahrungen meine ich übrigens nicht nur frühe sexuelle Erfahrungen. Es geht auch um die anderen kleinen Dinge, die einem Lust und Freude bereiten: mit Spaß in eine Pfütze springen, egal wie dreckig danach die Klamotten sind, eine Wiese hinunter kullern und nicht über Hundekot nachdenken, Eis essen, Ausflüge machen, von Herzen lachen, raufen, kitzeln und spielen. Kleine Kinder wissen genau, was ihnen Spaß macht. Oft hat das nicht so viel mit dem zu tun, was Erwachsenen Freude bereitet. Das führt dazu, dass leider zu selten die Dinge unternommen werden, die den Kindern Laune machen. Später heißt es dann: »Mein Kind hat nie zu etwas Lust.« Wie denn auch, wenn es alles, was es selbst als lustvoll empfindet, nicht machen durfte? Wir haben ihm abtrainiert, dieses Bedürfnis freudvoll selbst zu stillen.

Das kindliche Verhalten schwenkt so recht schnell um, zum Gegenpol dieses Bedürfnisses: der Unlustvermeidung. Es macht keinen Spaß, immer Ärger für das zu bekommen, was man selbst toll findet. Also wählt das Unterbewusstsein instinktiv das kleinere Übel und entscheidet sich, das Lustvolle zu lassen, damit der Ärger ausbleibt. Verantwortlich hierfür ist die Amygdala (ein Kerngebiet unseres Gehirns). Dieses Hirnareal ist sozusagen unser Belohnungszentrum. Es sortiert vereinfacht gesagt danach aus, was Spaß macht und auch belohnt wird. Wird das, was Spaß macht, nicht belohnt, macht es keinen Spaß mehr und wird aussortiert.

Am Wochenende war ich mal wieder in meiner zweiten Heimat am Meer. Ich beobachtete eine Mutter mit ihrem kleinen Sohn, der ungefähr sechs Jahre alt war. Er sammelte Krebspanzer und zeigte jeden einzelnen voller Stolz seiner Mutter. Für ihn war es ein sehr lustvolles Spiel. Seine Mutter bestärkte ihn jedes Mal und freute sich über jeden neu entdeckten Krebs mit ihm. Mir wurde allein beim Gedanken an die Krebspanzer ganz schlecht. Ich finde die Dinger platt gesagt einfach eklig und stinkig. Gleichzeitig dachte ich aber: Wie schön, dass diese Mutter in der Lage ist, ihren Sohn in seinem lustvollen Sein so ernst und wahrzunehmen und ihn durch ihre Freude zu belohnen und zu ermutigen.

Selbstwerterhöhung und Selbstwertschutz

Jeder möchte sich gut, kompetent und wertvoll fühlen. Leider sind wir Erwachsenen oft nicht so geschickt darin. Wir wünschen uns die Wertschätzung von anderen und machen davon unseren eigenen Wert abhängig. Der Grund dafür liegt oftmals darin, dass wir als Kinder nicht die notwendige Wertschätzung bekommen haben. Denn Kinder benötigen noch ein Gegenüber, das ihnen mit Lob und liebenden Worten Wertschätzung entgegenbringt, bevor sie sich aus sich heraus wertschätzen können.

Derzeit herrscht bei meinem Jüngsten die »Ich hab dich lieb, Mama«-Phase. So drei bis zehn Mal am Tag höre ich: »Ich hab dich lieb«. Er ist gerade in dem Sprung zur Pubertät. Er sortiert sich neu in seinem

Gehirn. Also sucht er bei mir durch diese Aussage Rückendeckung. Denn die Frage dahinter ist eigentlich: »*Hast du mich auch noch lieb, wenn ich mich jetzt verändere?* Ich *kann mich selbst nicht so gut aushalten, vieles gerät außer Kontrolle, weil es neu und anders ist; sei du mein sicherer Hafen.*« *Meistens reagiere ich mit:* »*Ich dich auch, mein Schatz.*« *Dann ist alles gut und er lächelt breit. Manchmal sage ich aber auch:* »*Ich mich auch.*« *Mit einem Augenzwinkern. Vielleicht, weil mir die Häufigkeit etwas zu viel wird. Vielleicht, weil ich meinen Sohn gerne necke. Ich merke aber, wenn ich dies zu oft mache, denn dann fordert er es so lange ein, bis ich ihm die Bestätigung gebe, dass ich ihn auch lieb habe.*

Wenn unsere Kinder klein sind, können wir sie gut loben. Wir feuern sie bei allem an. Beim ersten Wort, beim Versuch zu laufen, beim Gang aufs Töpfchen. Es ist leicht, diesen wunderbar wohlduftenden und bezaubernden kleinen Wesen diese Wertschätzung zu geben. Aber irgendwann kippt es. Wir fangen an, mehr zu kritisieren, als das Gute zu sehen und zu sagen. Unser Bildungs- und Benotungssystem ist da ein negatives Vorbild. Es ist defizitorientiert. Überall steht nur, was ein Kind nicht kann, wie viele Fehler es gemacht hat und was es unbedingt verbessern muss. Wir fangen irgendwann an, unsere Kinder als geistige Mülleimer zu benutzen. Es fallen zu viele Sätze mit Verallgemeinerungen: »Immer machst du ...«, »Nie kannst du ...«, »So wird aus dir nie etwas ...«.

Ich erwische mich oft selbst dabei. Meine Jungs haben beide ihre Aufgaben im Haushalt. Wenn ich nach ihnen nach Hause komme, die Spülmaschine nicht eingeräumt ist, die Jacke auf dem Boden liegt, der Müll nicht weggeräumt wurde, der Hund nicht rausgelassen wurde, fange ich an zu meckern. Mein ganzer Fokus liegt sofort auf dem, was nicht läuft, anstatt erst einmal anzukommen, ordentlich »Hallo« zu sagen und das Positive zu sehen. Wenn ich das aber schaffe, ist ein kleiner Hinweis auf das, was nicht läuft, meistens kein Problem mehr, und es wird sofort erledigt.

In meiner Praxis führe ich viele Erstgespräche. Sie dienen der Abklärung, ob ich ein Therapieangebot machen kann. Dazu ist laut Vorgabe eine Störung von Krankheitswert erforderlich. Leider kommt es viel zu häufig vor, dass Kinder vorgestellt werden, weil sie ein schlechtes Selbstwertempfinden haben. Natürlich kann es sein, dass die Rahmenbedingungen denkbar schlecht für ein Kind sind und es zum Beispiel gemobbt wurde oder wird. Aber eigentlich war das schlechte Selbstwertgefühl dann in der Regel vorher schon da und hat sich durch diese Erfahrung nur verstärkt. Mein Sohn hatte nach meiner Trennung von seinem Vater auch einen schlechten Selbstwert. Er hat sich so vieles nicht zugetraut. Es hat mich viel Kreativität und Ausprobieren gekostet, immer wieder einen so wertschätzenden Rahmen zu kreieren, dass er seinen eigenen Wert irgendwann wieder erkennen konnte.

Kleine Kinder hingegen tun automatisch das, was ihr Selbstwertgefühl erhöht. Alle Eltern kennen Sätze wie »Mama guck mal, was ich Tolles kann«. Egal, ob beim Buddeln eines Loches im Sand oder beim Malen eines Bildes. Ein Kind ist auf Lob und Anerkennung aus. Es braucht das, um sein Grundbedürfnis zu stillen. Bleibt das Lob aus, beginnt der Selbstwertschutz. Kinder werden schweigsam und teilen sich nicht mehr mit, aus Angst vor dem ausbleibenden Lob oder vielleicht sogar einem Tadel. Kinder ärgern sich untereinander schon immer.

Auch dabei geht es um den Selbstwertschutz. Sie denken sich (natürlich ganz unterbewusst): »Wenn ich die Fehler des anderen laut ausspreche, sieht keiner meine Fehler.« Es geht nicht darum, Opfer und Täter zu deklarieren oder böse Kinder zu definieren. Böse Kinder gibt es nämlich nicht. Es geht darum, zu verstehen, dass unser Bedürfnis nach Selbstwerterhöhung grundlegend ist. So viele Verhaltensweisen von Kindern sind auf dieses Grundbedürfnis zurückzuführen. Unsere Gesellschaft ist jedoch so defizitorientiert, dass überall nur noch das Negative gesehen wird. Neulich hatte ich ein spannendes Gespräch mit meinem Sohn, in dem er genau diesen Missstand erkannt hat. Es fing mit einer einfachen Frage an.

»Mama, wieso sagen alle immer nur das Negative? Wenn jemand einen neuen Haarschnitt hat, bekommt man nur die negative Rückmeldung, nie die gute. Diejenigen, denen es nicht gefällt, machen blöde Kommentare und fangen an zu ärgern. Aber keiner sagt: Das sieht aber cool aus.« Im weiteren Gespräch kam er dann darauf, dass auch die Nachrichten nur das Schlechte berichten, dass in der Schule nur die Fehler bemerkt werden und dass es insgesamt wenig Lob und Anerkennung gibt.

Bedürfniserfüllung – Was braucht es dazu?

Was braucht es nun, damit diese Grundbedürfnisse bei Kindern gestillt werden? Das bloße Wissen um diese Bedürfnisse, die schon so lange bekannt sind, hat bis jetzt nicht dazu geführt, dass sich unser Umgang mit Kindern oder unsere gesellschaftlichen Normen dahingehend zum Positiven verändert haben. Dabei wäre dies der einfachste Weg, für psychisch gesunde Kinder und damit für stabile und in sich ruhende Erwachsene zu sorgen. Oftmals wird Bedürfniserfüllung wie das Füttern eines Automaten gesehen: Man schmeißt oben etwas in das Kind hinein und unten kommt das erwünschte Verhalten heraus. Wenn der Effekt nicht sofort sichtbar ist, dann wird davon abgelassen. Das Stillen unserer Grundbedürfnisse erscheint so einfach und ist gleichzeitig doch so komplex. Grundlage hierfür ist, dass Eltern selber ihre Gefühle zulassen und ausleben können. Aber wie soll ein Erwachsener dies seinem Kind geben, wenn er es selbst nicht in dem erforderlichen Maße erlebt hat? Wie kann man etwas weitergeben, das man selbst nicht hat? Dazu mehr im fünften Kapitel, da wir zunächst einmal das »Was?« klären wollen, bevor wir uns auf das »Wie?« konzentrieren.

An dieser Stelle sei noch einmal betont, dass Grundbedürfnisse nur als tiefgreifende Erfahrung abgespeichert werden, wenn sie gefühlt werden. Gefühle sind das Barometer des menschlichen Seins. Ohne ein Gefühl findet keine Entwicklung statt. Erlebt das Kind negative Gefühle, kann und wird es beim nächsten Mal versuchen, sie zu vermeiden. Erfährt es positive Gefühle, trägt aber auch gerade das zu seiner Entwicklung bei. Und sei dir sicher: Ein Kind spürt und fühlt, ob es geliebt wird.

Verständnis

»Mamaaa!« Ein gellender Schrei dröhnt aus dem Kinderzimmer. Ich flitze hin. Mein Sohn (damals vier Jahre alt) sitzt mit angstverzerrtem Gesicht aufrecht im Bett: »Unter meinem Bett ist ein Monster!«

Es wäre jetzt so einfach zu sagen: »Ach Schatz, du weißt doch, es gibt keine Monster.« Aber verschwindet dadurch die Angst? Meistens nicht. Das Kind fühlt sich nicht verstanden und nicht ernst genommen. Aber wie soll es denn die Angst vor dem Monster loswerden, wenn die Erwachsenen ihm nicht glauben? In seiner Realität ist das Monster da. Und es ist sehr furchteinflößend.

Verstanden werden ist die Grundlage, das Gefühl, welches dringend notwendig ist, um Erfahrungen als positiv abzuspeichern. Verständnis erlaubt mir, all meine Gefühle wahrzunehmen, sie zuzulassen und dann, wenn nötig, auch wieder zu verabschieden. Mir aber ein bestimmtes Gefühl nicht einzugestehen, obwohl es eindeutig da ist, kann nicht funktionieren. So wie die Angst vor Monstern. Und genau darin liegt die Schwierigkeit. Das eine Kind hat Angst vor Monstern, das andere Kind davor, fremden Menschen »Hallo« zu sagen. Wie soll nun ein kleines Wesen die oben genannten positiven Erfahrungen machen, wenn wir nicht wirklich verstehen, was das Kind bewegt? Wie sollen wir Erwachsenen die oben genannten Grundbedürfnisse stillen, wenn wir unser Kind nicht ernst nehmen, weil wir es nicht verstehen?

In all meinen Gesprächen mit Kindern und Teenagern dringt genau das immer wieder durch. Sie fühlen sich von den Eltern, Lehrern, Erziehern nicht verstanden. Liebe und gut gemeinte Verhaltensweisen kommen nicht an, wenn sich ein Kind nicht verstanden fühlt. Ich gehe davon aus, dass alle Eltern ihre Kinder lieben. Und dass sie aus Liebe über das Monsterproblem sagen: »Ach Schatz, es gibt doch keine Monster«, um dem Kind die Angst zu nehmen. An diesem Beispiel merken wir aber: Liebe allein reicht nicht. Zumindest nicht, wenn es nicht die reine Liebe ist, die versteht. Unsere Liebe ist gefärbt von unseren eigenen Erfahrungen und Vorstellungen. Die »reine« Liebe impliziert ein vollkommenes Verstehen des anderen. Ich kenne nun keinen Menschen, der so unvoreingenommen lieben kann. Aber wir alle sind auf Wachstum ausgelegt und dürfen uns dem Idealbild Stück für Stück nähern. Und genau darin liegt unsere Aufgabe, um unserer selbst willen. Aber besonders um unserer Kinder willen.

Wenn wir ganz ehrlich zu uns selbst sind, dann geht es uns Erwachsenen auch nicht anders als den Kindern. In Problemfragen handeln wir genau wie sie: Wir fragen die Menschen um Rat, von denen wir uns verstanden fühlen, und nicht die, die am wahrscheinlichsten das größte Wissen zu dem Problem haben. Verständnis schafft Offenheit für Akzeptanz und für Veränderung, oder bildlich gesprochen: Wenn Liebe der notwendige Samen ist, um eine Frucht wie die Bedürfniserfüllung erwachsen zu lassen, dann ist das Verständnis der gute Mutterboden, in den dieses Samenkorn hineingelegt werden muss. Dieses Verstehen ist eine der größten Herausforderungen unserer Zeit. Es bedeutet die Fähigkeit, mein Wissen, mein Denken, meine Erfahrungen hinter mir lassen zu können und mich einzufühlen in das Denken und die Erfahrungswelt des anderen. Und irgendwie scheinen wir alle vergessen zu haben, wie wir als Kinder gefühlt und gedacht haben, was uns wichtig war, worin wir ernst genommen werden wollten.

Wertschätzung

»Jonas war die ganze letzte Woche wieder böse. Aber das ist alles nichts gegen den bösen Kevin. Der ärgert unseren Jonas die ganze Zeit. Ich habe Jonas oft gesagt, er soll sich von dem bösen Kevin fernhalten.«

Wow. Das waren ziemlich originalgetreu die Sätze einer Mutter über ihr Kindergartenkind und seinen Kindergartenfreund. Auf meine Nachfrage, warum er denn böse sei, kam die Antwort, dass er nicht höre. Wir haben im Anschluss mehrere Elterntermine darauf verwendet, zu klären, dass Kinder nicht böse sind. Im schlimmsten Fall machen sie Dinge, die nicht in Ordnung sind. Die Mutter konnte das nach einiger Zeit für ihren eigenen Sohn akzeptieren. Sie war aber nicht davon abzubringen, dass Kevin böse sei. Er mache alles mit böser Absicht.

Unser Vokabular ist genauso negativ wie die täglichen Nachrichten. Da es in unserer Gesellschaft so selbstverständlich ist, andauernd das Negative zu sagen oder zu hören, merken wir gar nicht mehr, wie sehr wir unsere Kinder damit kleinhalten. Mangelnde Wertschätzung auch in unserer Sprache ist das Gegenteil von Selbstwerterhöhung. Wie soll ein Kind ein gutes Selbstwertgefühl entwickeln, wenn es andauernd hört, dass es böse ist?

Meine Mitarbeiterin kommt von einem Termin in der Schule zurück. Sie hat dort mit dem Lehrer und dem Therapiekind ein Gespräch geführt. Das Kind war schon länger nicht mehr zur Schule gegangen und hatte die ersten zaghaften Versuche, zurück in die Klasse zu gehen, mit Erfolg gemeistert. Als meine Kollegin mit dem Kind in der

Schule ankam, wurde es von dem Lehrer begrüßt mit den Worten: »Wenn du so weitermachst, wird das nix mit dem Schulabschluss. Wir können uns jetzt zusammensetzen, aber ich glaub eh nicht, dass du es schaffst.«

Diese Worte waren nicht geprägt von Wertschätzung. Hier war mal wieder ein »Mülleimer-Satz« absolut nicht hilfreich für die Entwicklung des Kindes. Aber sind wir, bin ich wirklich besser?

Es wäre sicherlich spannend, wenn jeder mal eine interne Strichliste führen würde. Jedes gute Wort der Wertschätzung bekommt einen Strich. Jedes Wort, welches demotiviert, verallgemeinert, jemandem ein schlechtes Gefühl gibt, auch. Ich glaube, ich weiß, wie die Liste am Abend aussehen würde – meine eigene eingeschlossen. Da wir selbst so geprägt sind, fällt es uns gar nicht mehr auf, wie wenig wertschätzend unsere Worte sind. Wenn unsere Kinder klein sind, bekommen wir das noch ganz gut hin. Dann loben wir das selbstgemalte Bild, obwohl wir nur Gekrakel erkennen können. Doch spätestens mit dem Schuleintritt passen wir uns an. Aber wie sollen unsere Kinder eine positive Bindungserfahrung machen können, an Selbstwertgefühl und Lust gewinnen, wenn wir sie mit unseren negativen Worten »zumüllen«? Dazu gehören auch alle Verallgemeinerungen wie »immer«, »nie«, »war ja klar, dass du …« usw. Wenn die Liebe der Samen ist und das Verstehen die Erde, dann ist die Wertschätzung der Regen, den es für das Wachstum braucht.

Bewusstmachung ist der erste Schritt. Ich habe mir antrainiert, auf unerwünschtes Verhalten immer so etwas zu sagen wie »Ich habe dich lieb, immer, und du bist großartig. Aber dein Verhalten kann ich gerade nicht tolerieren«. Ich lobe bewusst. Täglich. Mehrmals täglich. Meine Kinder und meine Mitarbeiter. Ich gehe wertschätzend mit den Kassierern im Supermarkt um. Probier' es mal aus, bei deinen Kindern oder einfach so im Alltag. Es ist unfassbar schön, wie viel positive Energie du zurückbekommst. Wertschätzung erfüllt unser Bedürfnis nach Selbstwerterhöhung und Lustgewinn, sofort und unmittelbar.

Bestätigung
»Nie siehst du, was ich schon gemacht habe. Immer siehst du nur, was ich nicht gemacht habe.«
Kommt dir das bekannt vor? Hast du vielleicht so etwas schon mal selbst gesagt, zu deinem Partner, zu deiner Kollegien, zu deinem Kind? Bestätigung ist die erweiterte Form der Wertschätzung. Und Wertschätzung beinhaltet einen positiven Sprachgebrauch. Bestätigung legt bewusst den Fokus auf das, was gut läuft oder gelaufen ist. Wir wollen in unserem Selbst bestätigt werden. Kinder wollen in ihrem Selbst bestätigt werden. Sie wollen und müssen hören, erleben und erfahren, dass sie gut sind, wie sie sind, dass sie Dinge toll machen.
Bestätigung bedeutet so viel wie Ermunterung, Anerkennung, Bekräftigung und Unterstützung. Aber gerade Anerkennung zu zeigen fällt uns bei Kindern oft besonders schwer, weil sie vieles anders machen, als wir es tun würden. Meistens können wir nur dann Bestätigung geben und sagen »Das hast du gut gemacht«, wenn Kinder es genauso machen, wie es für uns »richtig« erscheint, wie wir es eben auch machen würden. Da aber jeder Mensch und besonders Kinder anders denken

und handeln, steckt hier das Kernproblem. Es kann ja nicht darum gehen, einem Kind nur dann Anerkennung und Bestätigung zukommen zu lassen, wenn es etwas genauso wie man selbst gemacht hat. Schließlich wollen wir ja keine Abziehbilder von uns produzieren, oder? Es geht vielmehr um die Ermunterung, sich selbst auszuprobieren, um die Bekräftigung, dass etwas – mit der nötigen Unterstützung – gelingen kann, sodass Kinder es sich auch zutrauen, um es dann als etwas Großartiges anzuerkennen. Das alles zusammengenommen ist mit Bestätigung gemeint und schafft die Grundlage für eine gute Selbstwertentwicklung. Bestätigung ist sozusagen der Dünger für das gute Gedeihen des Samenkorns Liebe hin zur Frucht Bedürfniserfüllung.

Wärme und Nähe

Kinder sehnen sich nach Wärme, Nähe und Geborgenheit. Und dennoch scheint es, als seien viele Eltern nicht dazu in der Lage, diese Gefühle bei Kindern zu erwecken und diese Bedürfnisse zu stillen. Es ist so traurig, wenn diese Kinder dann dazu übergehen, ihre Eltern zu entschuldigen und Verständnis für ihr Versäumnis zeigen, stets in dem Wissen, dass sie selbst dauerhaft leer ausgehen.

Schon der Start ins Leben, wie wir ihn hier in europäischen Ländern unseren Kindern ermöglichen, ist nicht von Wärme geprägt. Im Mutterleib erleben die Säuglinge diese Wärme und Geborgenheit. Mit der Geburt zerren wir sie oftmals mit bloßer Gewalt ans grelle, kalte Tageslicht. Und anstatt ihnen dann zumindest so schnell wie möglich die mütterliche Nähe und Wärme wiederzugeben und sie auf die nackte Brust der

Mutter zu legen, werden sie erst mal gemessen, gewogen, gepikst, untersucht und auf den Popo gehauen. Aus der Sicht eines Säuglings ist das blanke Gewalt. Danach geht es oftmals so weiter: Stillen in der Öffentlichkeit ist verpönt. Schmusen, Nacktheit und im Bett der Eltern schlafen kommen auch nicht so gut weg. Dabei sind Wärme und Geborgenheit gleichzusetzen mit dem Sonnenlicht, ohne das jede Pflanze eingeht.

An dieser Stelle könnte ich unzählige Geschichten von Schäden erzählen, die Kinder bekommen haben, da ihnen diese Wärme verwehrt wurde. Von Eltern, die ihre Kinder lieben und ihnen alles geben wollten, was sie konnten. Das haben sie auch. Es war nur leider oft nicht genug, aber mehr geben konnten sie einfach nicht. Genau das ist das Traurige; es ist ein Kreislauf, der sich dann immer und immer wieder wiederholt. Weil wir die Wichtigkeit dieses Bedürfnisses vergessen haben und unsere Gesellschaft nicht darauf ausgerichtet ist. Es gibt kaum Möglichkeiten, diesen Mangel nachträglich zu füllen, keine Anleitung dazu, noch nicht einmal Hinweise, dass es notwendig oder sinnvoll ist. »Sie/Er kommt doch klar«, heißt es dann. Ja, Menschen sind enorm anpassungsfähig. Menschen kommen mit den widrigsten Lebensumständen irgendwie zurecht. Aber zu welchem Preis? Es ist auf jeden Fall kein Leben in Fülle und Freude, welches auf diese Menschen wartet, die Wärme und Nähe nur in geringem Maß erleben durften. Sie gleichen einer verkümmerten Pflanze.

Angst

Den meisten Menschen sind diese Grundbedürfnisse bewusst. Vielleicht nicht in Form von ausformulierten Sätzen, dennoch sehnt sich ausnahmslos jeder Mensch nach der Erfüllung dieser Grundbedürfnisse. Warum ist es dann so schwierig, sie zu erfüllen? Und warum ist es noch viel schwieriger, sie unseren Kindern zu erfüllen?

Der Gegenspieler der Liebe ist die Angst. Wir erlegen uns Regeln und Grenzen auf, weil wir zum größten Teil von unserer Angst und nicht von der allumfassenden Liebe gesteuert werden. Aus Angst entstehen Sorge, Wut, Eifersucht, Vernachlässigung, Hass und all die negativen Gefühle, die wir eigentlich nicht haben wollen und die dennoch zu uns gehören.

Wir haben Angst, das Gleiche zu erleben, was wir in unserer Kindheit bereits als unschön erfahren haben. Wir haben Angst, dass aus unseren Kindern nichts wird, dass sie keinen guten Schulabschluss machen, dass sie ausgegrenzt werden, dass sie nicht gut genug, schnell genug, schön genug oder was auch immer genug sind oder werden. Angst entsteht aus Mangel. Mangel in dem Sinne, etwas nicht haben zu können, etwas nicht erlebt zu haben. Unsere eigenen Erfahrungen des Mangels machen aus uns angstvolle Menschen. Wir geben die Angst vor dem Mangel weiter, obwohl wir genau das Gegenteil erreichen wollen.

Wir sind, ich muss es noch mal betonen, eine defizitorientierte Gesellschaft. Überall wird Angst geschürt; in der Schule, ja, selbst schon im Kindergarten: »Wenn du nicht lieb bist, darfst du nicht mit auf den Ausflug.« Wir alle kennen die Angst vor schlechten Noten, der Reaktion der Eltern, des Partners oder der Freunde. Die Politik arbeitet mit Angst. Angst vor dem Ozonloch, vor gewalttätigen Flüchtlingen, vor der Altersarmut, vor Arbeitslosigkeit – vor eigentlich allem. Eltern agieren aus Angst heraus. Angst, den Job zu verlieren, wenn sie wegen eines kranken Kindes zu Hause bleiben. Angst, ihren Kindern nicht genug bieten zu können. Angst vor der Trennung und dem Schaden, den das für das Kind bedeuten könnte. Angst vor Ausgrenzung, vor Gewalttaten, vor schlechter Leistung und damit vor gesellschaftlicher Degradierung.

In der Liebe ist keine Angst. Wir können nicht beides, Angst haben und gleichzeitig allumfassend lieben, so sehr wir es uns auch wünschen. Damit will ich nicht sagen, dass Eltern ihre Kinder nicht lieben. Ich gehe davon aus, dass alle Eltern ihre Kinder lieben, auf die eine oder andere Weise. Wenn es jedoch darum geht, Kindern das zu geben, was sie wirklich für eine gute und gesunde Entwicklung brauchen, was notwendig ist, damit sie zu ausgeglichenen, freudvollen Menschen heranwachsen, dann wird es Zeit, sich von der Angst zu verabschieden und sich der allumfassenden Liebe zuzuwenden, die in jedem wohnt. Egal, ob man sie selbst erfahren durfte oder nicht. Wenn wir für unsere Kinder nur das Beste wollen, dann ist es an der Zeit, die eigenen Grenzen aufzulösen, der Angst ins Gesicht zu schauen und zu sagen: »Mit dir bin ich fertig!«

Das Einzige, was uns von einem Leben in Fülle abhält, ist die Angst.

Und schon meldet sich wieder die Stimme der Angst: »Aber dann werden alle denken, ich hab 'ne Meise. Das klingt doch total nach antiautoritärer Erziehung. Das wissen wir doch schon, dass das nicht funktioniert, auch wenn es noch so schön und gut ist. Aber das kann ja nur klappen, wenn alle mitmachen, sonst ...« Und schon geben wir der Angst wieder

Raum, lassen zu, dass sie unser Denken bestimmt. Und aus unseren Gedanken werden bekanntlich unsere Taten.

Während ich diese Zeilen über die Angst schreibe, merke ich, wie sich ein Gefühl der Beklemmung in meiner Brust breitmacht. Angst zu schüren, ist so einfach. Angst ist so schnell übertragbar. So wie ein Hund genau merkt, ob ein Mensch Angst hat oder nicht, so merken Kinder es auch.

In einem Supervisionsgespräch gab eine Kollegin an, dass sie Angst vor einem achtjährigen Therapiekind habe. Der Junge sei bei ihr, weil er schlage und beiße. Sie sei nun in Sorge, dass er das auch bei ihr tue. Lange habe sie deswegen die Therapieanfrage nicht annehmen wollen. Bis heute ist nichts passiert. Aber allein die Berichte haben bei der Kollegin Angst hervorgerufen und ihr Handeln wurde von Angst geprägt, obwohl sie das Kind noch nicht einmal kannte.

Wir können uns nicht generell vor Angst schützen. Aber wir können uns dieser Angst bewusst werden und uns dann gegen die Angst entscheiden. Um diese Entscheidung treffen zu können, benötigen auch wir Kontrolle und Sicherheit. Auch unser Bedürfnis darf und soll an dieser Stelle gestillt werden. Und genau das sollen die weiteren Kapitel bewirken: Sicherheit geben im Umgang mit Kindern. Am besten auf der Basis von Liebe und nicht von Angst.

Eine kleine Übung

Setze dich bequem auf einen Sessel oder aufs Sofa. Beide Füße stehen auf dem Boden. Du schließt die Augen und atmest. Erst einmal nimmst du nur deinen Atem wahr. Nach vier bis fünf Atemzügen atmest du bewusst in dein Herz. Du stellst dir vor, wie der ganze Sauerstoff zu deinem Herzen fließt und dieses füllt. So machst du wieder vier bis fünf intensive, bewusste Atemzüge. Bei den nächsten vier bis fünf Atemzügen in dein Herz sagst du dir dabei in Gedanken folgenden Satz: »Ich entscheide mich für die Liebe.« Danach beobachtest du wieder deinen Atem. Mach dies einfach so oft am Tag, wie du magst – und gerne vor jedem weiteren Kapitel.

Drittes Kapitel

Verstehe das Kind

Vater zum vierjährigen Sohn: »Weißt du, was heute für ein Tag ist? Es ist Muttertag!«
Sohn: »Und wann ist Kindertag?«

Die Grundlage für den besten Umgang mit Kindern ist die Fähigkeit, die Dinge mit den Augen der Kinder betrachten zu können. Leider ist das ver- oder erst gar nicht gelernt worden. Wir werden vom Kindergartenalter an darauf getrimmt, zu funktionieren, ins System zu passen. Als ich Kind war, hat keiner danach gefragt, was ich denke oder gar fühle. Es galt, die Dinge so zu machen, wie es von den Erwachsenen erwartet wurde. Dies ist ein guter und sinnvoller Teil von Erziehung. Aber es ist nur ein Teil. Wird der andere Teil vernachlässigt, dann ziehen wir lauter funktionierende Ja-Sager groß. Diese wiederum ziehen ebenfalls funktionierende Ja-Sager groß. Ein immerwährender Kreislauf – es sei denn, wir durchbrechen ihn. Es wird Zeit, sich seiner selbst bewusst zu werden. Es wird Zeit, sich der Kinder wieder bewusst zu werden, ihrer Bedürfnisse und Sichtweisen. Wenn wir mündige Bürger haben wollen, müssen wir unsere Kinder zu mündigen Bürgern erziehen. Das geht aber nur, wenn wir sie als erstes verstehen, wissen, wie sie denken, was sie brauchen, wer sie sind. Das Schöne daran ist: Wenn wir sie verstehen, verstehen wir gleichzeitig auch uns.

Anerkennung des Seins und der Einzigartigkeit

Kinder sind großartig, einzigartig und wundervoll. Sie sind aber meistens nicht das, was wir uns vorstellen. Ich wollte ursprünglich so gerne ein Mädchen haben und bin nun Mutter zweier Söhne. Diese beiden Söhne sind so unterschiedlich wie Feuer und Wasser. Die Frage, die wir uns als erstes stellen müssen, ist: Wer oder was sind Kinder eigentlich? Sind sie unsere Wunscherfüller, unsere Abbilder, Mittel zum Zweck oder zur Erhaltung unserer Spezies? Was wir über unsere Kinder denken, können wir am besten daran sehen, wie wir sie behandeln. Ich erlebe immer wieder Eltern, die sich in ihren Kindern selbst verwirklichen wollen. Sie transportieren ihre Wünsche, die erfüllten und unerfüllten, auf ihre Kinder. Kinder werden geboren, um Beziehungen zu retten, was natürlich nicht funktioniert. Oder um die eigene innere Leere zu füllen. Dies bedeutet eine fast unmenschliche Verantwortung für das heranwachsende zarte Wesen.

Für mich selbst war damals ein Leben ohne Kinder undenkbar. In meiner Sozialisation war es der Sinn einer Frau, Mutter zu sein. Also bin ich Mutter geworden. Mein zweiter Sohn ist aus einer Art Egoismus zu mir gekommen. Ich wollte kein Einzelkind. Als eine erneute Schwangerschaft sich nicht einstellen wollte, bin ich zum Jugendamt gegangen und habe ein zweites Kind »beantragt« und »erhalten«.

Unsere Beweggründe für die Erschaffung eines neuen Lebens sind also sehr vielfältig – und das ist auch gut so. Schwierig wird es erst dann, wenn wir den Absprung nicht schaffen von uns weg hin zum Kind. Wenn wir in unseren Bedürfnissen und Denkweisen hängen bleiben und nicht anerkennen, wer und was Kinder wirklich sind.

Ja, Kinder sind großartig, einzigartig und wundervoll! Aber das ist nur eine Beschreibung dessen, was ich sehe, was ich empfinde, wenn ich Kinder betrachte. Kinder sind viel mehr; sie sind eigenständige Wesen. Ihr Hauptbestandteil ist nicht der Körper, der dem unseren vielleicht ähnlich sieht. Ihr Hauptbestandteil ist ein Geist, eine Seele. Der Körper ist sozusagen nur das Instrument, welches benötigt wird, als Zuhause für Seele und Geist. Den Körper gilt es, gut zu versorgen. Das machen wir automatisch mit der Versorgung und Befriedigung der psychischen Grundbedürfnisse nach Nahrung, Schlaf etc. Natürlich gibt es hier qualitative Unterschiede, aber in diesem Buch geht es ja nicht um eine Diskussion über die besten Nahrungsmittel.

Was viel wichtiger ist, aber noch nicht weit durchgedrungen, ist die Anerkennung der Tatsache, dass Kinder Geistwesen mit einer Seele sind. Einer Seele, die schon im Mutterleib Schwingungen aufnehmen, fühlen und Erfahrungen machen kann – gute wie schlechte. Mit denselben Auswirkungen wie bei uns Erwachsenen. Es geht darum, zu verstehen, dass alles, was Kinder von ihrer Entstehung an erfahren, ihr weiteres Sein beeinflusst. Das Sein eines Menschen fängt nicht erst mit der Geburt an. Und auch wenn Säuglinge noch keine Wörter kennen, haben ihr Körper und ihre Seele alles Erlebte gespeichert und versuchen, es zu verarbeiten. Daher ist es immens wichtig, dass wir unsere Kinder mit Sanftheit, Güte und Achtsamkeit in die Welt einführen, die ab der Geburt ihr Lebensmittelpunkt sein wird. Leider höre ich viel zu oft: »Der ist noch zu klein. Der bekommt das nicht mit.« Doch, Kinder bekommen alles mit. Auch wenn sie es noch nicht verstehen, noch nicht einsortieren können: Sie bekommen alles mit. In Form von Schwingungen und Emotionen. Die Seele ist von Anfang an hoch ausgebildet. Den Geist braucht es, das Erlebte zu verstehen, zu verarbeiten. Wenn wir das als Wahrheit verleugnen, haben wir ein Problem im Umgang mit unseren Kindern. Da wir ihr Sein verleugnen.

Kinder sind nicht unser Eigentum, und dennoch behandeln wir sie oftmals so. Wenn ich Kinder wirklich verstehen will, wenn ich lernen will, die Welt aus ihren Augen zu betrachten, dann muss ich das als erstes akzeptieren. Sie mögen dein Fleisch und Blut sein, aber da hört es auch schon auf. Da sie ein Zusammenschluss von zwei Menschen sind, hat sich ein eigenständiges, neues Wesen gebildet. Kein Mensch gleicht dem anderen. Das ist mit Einzigartigkeit gemeint. Natürlich lässt sich in der Regel die eine oder andere optische Ähnlichkeit zwischen Kindern und ihren Eltern finden. Das ist auch gut so, damit wir uns liebevoll hinwenden können. Aber es darf daraus kein Besitzanspruch entstehen.

Du wirst dich vielleicht auch in manchen Verhaltensweisen deiner Kinder wiedererkennen. Diese erwachsen jedoch hauptsächlich aus Prägung und nur zu einem sehr untergeordneten Teil aus einer Veranlagung der Gene. Es gibt inzwischen genügend Studien, die das beweisen. Nun frage dich selbst: Kann ich diese Einzigartigkeit jedes Kindes sehen und anerkennen? Habe ich die Fähigkeit, mein Kind außerhalb meiner selbst zu sehen; mit seinen Begabungen, Fähigkeiten und Stärken? Wie oft höre ich in Elterngesprächen: »Also ich hätte mich das als Kind niemals getraut. Ich war ganz anders. Ich verstehe das Verhalten meines Kindes nicht.« Eltern sagen solche Sätze oft mit Verwunderung und teilweise Entsetzen über das Verhalten des eigenen Kindes. Das ist genau der Punkt: Du bist nicht dein Kind und dein Kind ist nicht du. Dein Kind ist ein eigener Mensch, mit eigenen Fähigkeiten, Begabungen und Macken. Hier stellt sich also die Frage: Kennst du dein Kind? Weißt du, wie es tickt? Bist du dir der Fähigkeiten, Stärken und Macken deines Kindes bewusst und kannst sie akzeptieren? Kannst du dein Kind losgelöst von dir sehen? Denn wenn du das nicht weißt und kannst, kannst du dein Kind schlecht verstehen (lernen).

Bei einem Kind ist dies schon eine echte Herausforderung: Aber wie geht das bei zwei, drei oder mehr Kindern? Kann das gehen bei mehreren eigenen Kindern? Und noch weiter gedacht: Kann das gehen bei einer Klasse voller unterschiedlicher »fremder« Kinder? Ja! Es kommt nur auf unsere Blickweise an. Wie schon erwähnt, habe ich zwei Söhne, die wie Feuer und Wasser sind. Diese beiden Jungs mit ihren sehr eigenen Wesen und Wahrnehmungen, Empfindungen, Verarbeitungsmöglichkeiten, eben diese zwei sehr individuellen Seelen, benötigen sehr an sie angepasste Herangehensweisen in der Erziehung. Wenn ich die Methoden, die für den einen sinnvoll und gut sind, auf den anderen anwendete, würde ich mit dem Wasser das Feuer löschen, um in dieser Metapher zu bleiben. Für meine beiden Söhne gelten die gleichen »Grundregeln«. Die Ansätze, wie ich den beiden jeweils das Leben erkläre und dafür sorge, dass sie die Grundregeln einhalten, sind jedoch genauso verschieden wie meine Söhne selbst. Genau deswegen kann es auch nicht den einen Erziehungsratgeber geben, mit der einen Methode, die uns sagt, wie wir mit unseren Kindern umzugehen haben. Es kommt vielmehr auf unsere Haltung an, auf unsere Sichtweise. Können wir diese Unterschiedlichkeit bei unseren Kindern sehen und uns bestenfalls auch darüber freuen?

Wie soll ich aus den Augen eines Kindes sehen können, wenn ich nicht als erstes seine Andersartigkeit akzeptieren kann? Es geht nicht darum, Kinder mit meinem Sein abzugleichen. Es geht darum, sich einfühlen zu können. Dies gelingt nur durch die Anerkennung der Einzigartigkeit und des Seins jedes einzelnen. Schaffst du dies, wird auch die zwischenmenschliche Beziehung insgesamt entspannter und einfacher.

Gesehen werden

Kinder wollen gesehen und verstanden werden. Ihr ganzes Sein ist eine Mitteilung an uns. Nichts was sie tun, tun sie ohne Grund. Sie weinen nicht ohne Grund und sind auch nicht ohne Grund aggressiv, laut oder hibbelig. Nicht dieses Verhalten ist das Problem, sondern die Tatsache, dass wir die Botschaften nicht mehr verstehen. Wir haben verlernt, die Signale zu erkennen und mit ihnen umzugehen. Woran liegt das? An unserer Haltung, unserer Grundeinstellung. Wir sind der Auffassung, dass wir die Weisheit mit Löffeln gegessen haben. Wir sind ja schließlich erwachsen und meistern selbstständig unser Leben. Aber letztendlich sind wir nur die Summe unserer Erfahrungen – und zwar nicht nur der guten. Wir geben also das weiter, was wir selbst erlebt und erfahren haben. Oftmals auch genau das, was wir eigentlich nicht weitergeben wollten. Was wir selbst in unserer Kindheit gehasst haben. Auch hier geht es um unsere grundsätzliche Einstellung: Sehen wir uns als diejenigen, die ihren Kindern sagen, wo es langgeht, oder sehen wir unsere Kinder als das, was sie sind: Geistwesen, die durch uns erst ihre Erfahrungen machen. In diesem Falle wäre jede Erfahrung ein Spiegel unserer selbst. Es ist ein großer Unterschied, ob wir unsere Kinder aus unserer Sicht oder aus ihrer eigenen Sicht betrachten.

Kinder sind noch nicht verdorben von gesellschaftlichen Regeln und Konventionen. Wir erzählen ihnen allerdings mit der Zeit, wer sie zu sein haben. Anfangs sind sie noch sie selbst. Sie nehmen die Welt ungefiltert wahr. Sie verstehen Zusammenhänge intuitiv und kennen genauso intuitiv ihre Stärken und Schwächen. Zumindest zu Beginn. In den ersten drei Lebensjahren wird sozusagen ihr »inneres Betriebssystem« konfiguriert. Dies geschieht durch Übertragung. Stell dir dazu eine Stimmgabel vor. Du schlägst sie an und sie erzeugt einen Ton. Nun nimm eine zweite Stimmgabel und halte diese neben die klingende Stimmgabel. Sofort übernimmt die zweite den Ton der ersten. Sie muss dazu nicht angeschlagen werden. Genauso »funktionieren« Kinder. Sie übernehmen die Schwingungen der Eltern. Schwingungen, die ausgestrahlt werden in Bezug auf unsere Motivation, unsere Handlungen und die internen, spürbaren Entscheidungen, welche zu den Handlungen führen. Kinder sind dabei viel feinfühliger als wir Erwachsenen, auch wenn das Ganze sich im unterbewussten Sein abspielt. Mit ihrem Sein spiegeln Kinder das unsere. Sie haben ja nichts anderes als uns Erwachsene, an dem sie sich orientieren können. Solange wir jedoch nicht verstehen, dass sie uns spiegeln, versuchen wir, ihnen vermeintlich falsches Verhalten abzuerziehen, anstatt die Botschaft an uns darin wahrzunehmen. Kinder senden uns Signale – und diese Signale wollen gesehen werden. Kinder wollen gesehen werden. Ohne Worte sagen Kinder mit ihrem Verhalten: Hört auf zu streiten. Hört auf, andere wichtiger zu nehmen als eure eigenen Bedürfnisse. Hört auf, uns anders haben zu wollen, als wir sind. Habt nicht so viel Angst. Hört auf zu manipulieren. Hört auf, euch eures Körpers und eurer Sexualität zu schämen. Hört auf, euch in uns verwirklichen zu wollen. Hört auf, uns eure Erfahrungen überstülpen zu wollen. Ihr Verhalten schreit danach, wahrgenommen und, vielleicht noch wichtiger, ernst genommen zu werden.

Herbert Grönemeyer singt: »Kinder an die Macht. […] Die Welt gehört in Kinderhände.«[14] Natürlich ist damit nicht gemeint, dass Kinder die Regierung übernehmen sollen. Dennoch drückt er damit die Wahrheit aus. Kinder zeigen uns auf ihre ganz simple und natürliche Weise, was falsch läuft. Würden wir diese Stimme wahrnehmen, verstehen und das Gehörte umsetzen, könnte sich unsere gesamte Gesellschaft zum Guten ändern.

Wenn Kinder Auffälligkeiten entwickeln, dann wird ihre Stimme lauter. Es ist ein Zeichen dafür, dass sie nicht gesehen, nicht gehört wurden; zu Hause, in der Schule oder in anderen sozialen Kontexten. Sie zeigen mit ihrem Verhalten, ihrem Sein: Hier stimmt was nicht! Es ist unsere Ignoranz, die sie dazu bringt, lauter werden zu müssen. Unsere »Wir-wissen-alles-besser«-Haltung.

Warum aber fällt es uns so schwer, uns an unsere eigene

Kindheit zu erinnern? Als wir klein waren, wollten wir doch auch gesehen werden, und haben das auch, sobald wir der Sprache mächtig waren, kundgetan mit Sätzen wie: »Guck mal Mami, ich kann von der Mauer springen. Guck mal, ich hab ein Bild gemalt. Guck mal, ich hab einen Zahn. Guck mal, mir ist ein Zahn rausgefallen.« Ja, ich finde das ganze »Guck mal!« meiner Kinder auch manchmal anstrengend. Aber sie erfahren sich in diesem »Guck mal«. Wenn ich nie Interesse für ihr Sein zeige, für die Krebse, die sie sammeln, die Spiele, die sie spielen, die Fragen, die sie stellen (auch wenn es unendlich viele Fragen zu sein scheinen), die Antworten, die sie geben, dann beraube ich sie der Entwicklung ihrer eigene Identität. Dann mache ich sie zu funktionierenden Abziehbildern meiner selbst. Dann füttere ich mit ihnen die psychotherapeutischen Praxen.

Offenheit

»Wenn ihr das nächste Mal sext, guck ich zu. Dann weiß ich, wie das geht«, sagt Leonie, 6 Jahre alt. Was geht dir jetzt gerade als Erstes durch den Kopf? Ein »Auf gar keinen Fall!«? Warum darf ein Kind nicht zuschauen? Weil es sich nicht schickt? Wenn unsere Kinder ein Problem mit Sexualität haben, dann deshalb, weil wir ein Problem damit haben. Weil wir Sexualität nicht offen leben. Selbst Kleinkinder dürfen sich in unserer Gesellschaft nicht freudvoll entdecken. Meist reicht für das Kind schon der entsetzte Gesichtsausdruck der Eltern, um es zu lassen oder zumindest nicht mehr als Freude zu sehen. Spätestens mit Aussagen wie »Das macht man nicht« oder

»Doch nicht in der Öffentlichkeit!« ziehen wir verklemmte Menschen heran – zumindest, was die Sexualität angeht. Wenn wir genau hinschauen, ist es aber nicht das einzige Thema; es zieht sich durch unser gesamtes Leben. Wir sind nahezu überfüllt von Gedanken wie »Das macht man nicht. Was sollen die Nachbarn/Kollegen oder die Familie denken? Das geht doch nicht«. Wir haben uns so in gesellschaftliche Normen und Regeln eingefügt, dass wir nicht mehr offen sind für den eigentlichen Zauber des Lebens.

Aber wie ist es aus der Sicht des Kindes? Fassen wir noch einmal die einzelnen Schritte zusammen: Kinder kommen grenzenlos auf die Welt. Sie entdecken und erleben die Welt durch uns. Wir geben ihnen ein Bild dessen, wie Leben funktioniert. Später wundern wir uns dann, dass unsere Kinder nicht »funktionieren«. Sie wollen nicht funktionieren. Sie wollen das Leben entdecken. Sie wollen *sein*. Dann fangen wir an, auf die Schule zu schimpfen, auf Regeln, die die Individualität der Kinder nicht sehen. Ein Schulsystem, welches nur das Schlechte bewertet und Begabungen und Fähigkeiten nicht fördert. Ja, an unserem Schulsystem darf und muss sich etwas ändern. Aber eigentlich setzt das Problem viel früher an. Wir selbst haben die Offenheit verloren, unseren Kindern die Welt zu zeigen und zu erklären als eine Welt voller Möglichkeiten. Wir selbst lehren sie, dass das Leben ein Leben der Regeln und Beschränkungen ist. Ich rede hier nicht von antiautoritärer Erziehung. Ich meine die Offenheit, das Leben mit allen Sinnen entdecken und leben zu dürfen und zu können. Doch genau das – das Leben mit allen Sinnen entdecken und leben zu können, braucht Anleitung, Führung und Erlaubnis im positivsten Sinne. Aber was wir selbst nicht gelernt haben, können wir auch nicht weitergeben. So übertragen wir bewusst oder unbewusst nur unsere Regeln und Beschränkungen. Wir selbst haben zu den kleinen Boykottversuchen unserer Kinder beigetragen. Dabei braucht es nur unsere eigene Offenheit und ein bewusstes Hinschauen, um unsere Kinder bewusst zu erziehen.

Kinder benötigen dieses Umfeld der Offenheit. Offenheit für Neues, für Flausen, für krumme Gedanken, fürs Entdecken, dafür, sich selbst zu entdecken. Eine Welt, in der alles von vornherein festgeschrieben ist, bietet nun mal wenig Freiraum für Entwicklung. Wie sollen sich also kleine Menschen zu ihrer wahren Größe und Schönheit entwickeln können, wenn es dafür keinen Raum, keine Offenheit gibt?

Erlaubnis

»Aber ich erlaube meinen Kindern ganz viel; und alles zu erlauben, kann ja auch nicht der Weg sein. Dann machen Kinder, was sie wollen«, denkst du jetzt vielleicht. Bei Erlaubnis reden wir aber nicht von der Erlaubnis, nur am Handy zu sitzen, zehn Tafeln Schokolade am Tag zu essen, keine Hausaufgaben zu machen. Das ist alles nicht damit gemeint. Natürlich müssen wir Erwachsenen hier gewisse Grenzen setzen. Aber diese Form der Grenzsetzung im sinnvollen Maße nennt sich Erziehung und ist notwendig für eine gute Entwicklung; notwendig, um das Leben erfassen und verstehen zu können.

Bei Erlaubnis geht es in erster Linie darum, Kind sein zu dürfen. Ich sehe so viele Kinder, die schon früh wie kleine Erwachsene behandelt und angezogen werden. Kinder, die in ein gesellschaftliches »Das-darf-und-macht-man-nicht«-Korsett geschnürt werden und Ansprüchen gerecht werden müssen, die absolut nicht altersentsprechend sind. Da wird mir ganz schlecht. Warum muss ein dreijähriges Kind eine halbe Stunde oder länger still in einem Stuhlkreis sitzen können? Macht es das nicht, wird es direkt als Störenfried und nicht normal abgestempelt. Dabei ist es in Wahrheit herrlich normal. Wir geben ihm nur nicht die Erlaubnis dazu. Warum vergleichen wir andauernd unsere Kinder untereinander, vor allem wenn sie noch ganz klein sind? »Mein Kind kann schon laufen. Mein Kind spricht schon. Das Kind von XY macht immer noch nachts ins Bett.« Und schon ist das schlechte Gefühl da, dass wir als Eltern etwas falsch machen, weil unser Kind noch nicht so weit ist. In der Folge hören wir auf, ihm die Erlaubnis zu geben, sich in der Zeit zu entwickeln, die es braucht. Warum müssen Kinder in der Schule alle nach 60 Minuten ihre Klassenarbeit abgeben? Damit es gerecht oder gleich ist? Genau das ist es nicht. Wir nehmen unseren Kindern die Erlaubnis, zu sein, einzigartig zu sein, mit unterschiedlichen Begabungen und Talenten. Kinder wollen und brauchen von uns die Erlaubnis, einfach sein zu dürfen, wie sie sind.

Zudem brauchen sie die Erlaubnis, sich und das Leben auf ihre Weise entdecken zu dürfen. Wir alle kennen den Spruch von Konfuzius: »Sage es mir, und ich werde es vergessen. Zeige es mir, und ich werde es vielleicht behalten. Lass es mich tun, und ich werde es können.« Und als Erwachsene nicken wir und stimmen zu, denn wir wollen die Dinge ja auch selbst erfahren und machen. Warum aber besteht dann unsere Erziehung zu 90 Prozent aus Regeln, Vorschriften und Aussagen darüber, wie das Leben funktioniert bzw. zu funktionieren hat? Warum zeigen wir unseren Kindern durch unser Verhalten ein Leben der Begrenzung und Einengung? Warum geben wir unseren Kindern nicht die Erlaubnis, das Leben zu leben?

Kinder, die nichts dürfen, werden zu Menschen, die nichts können.

Kinder wissen intuitiv, was sie können und was nicht, wie mutig sie sein können. Kinder verstehen das Leben intuitiv – bis wir ihnen diese Intuition aberziehen, die sie ironischerweise später als Erwachsene mühselig wieder erlernen müssen.

Sicherheit

Kinder brauchen Sicherheit, um sich gut entwickeln zu können. Ich bin immer wieder erschüttert darüber, wie viele Kinder in einem unsicheren Umfeld aufwachsen müssen. Sicherheit bedeutet hierbei viel mehr als die Abwesenheit von Krieg. So meinen wir, dass Flüchtlingskinder, die aus Kriegsgebieten geflohen sind, so dankbar sein müssten, hier zu sein, da sie ja jetzt sicher sind. Es kommt hierbei aber wieder auf die Definition von Sicherheit an. Es gibt die äußere Sicherheit, die körperliche Unversehrtheit bieten kann. Gehen wir aber davon aus, dass wir alle Geistwesen mit einer Seele sind, braucht es viel mehr für ein Gefühl von Sicherheit. Weil Kinder nun mal grenzenlos auf die Welt kommen, ist zunächst alles gefühlt unsicher. Da Kinder sich im Spiegel unserer selbst entwickeln, vermitteln unsichere Erwachsene ihren Kindern eben diese Unsicherheit. Emotionale und seelische Sicherheit werden eben nicht bloß durch Abwesenheit von Gewalt hergestellt.

Damit ein Kind sich sicher fühlt, ist es zudem notwendig, dass es in seiner Einzigartigkeit anerkannt wird. Es muss gesehen und verstanden werden. Es braucht einen Raum, der offen ist für Neues und die Erlaubnis, diesen Raum füllen zu dürfen.

In meiner Praxis behandle ich viele traumatisierte und fremd untergebrachte Kinder, denen diese Sicherheit nie gegeben oder durch Ereignisse genommen wurde. Das Wichtigste, was ich erst einmal tun kann, ist, Sicherheit auszustrahlen. Ihnen zu vermitteln: »Egal was passiert ist, wir kriegen das wieder hin. Egal was du erlebt hast, ich verstehe dich. Egal wie schwer es gerade scheint, es wird wieder leicht.« Dies gilt aber nicht nur als Therapeutin, sondern auch als Mutter, Vater, Lehrer, Erzieher und Pädagoge. Wie viel emotionale Sicherheit strahle ich aus? Sicherheit bedeutet dabei so viel wie Rückendeckung. Wir als Erwachsene müssen den Kindern signalisieren: »Ich bin dein doppelter Boden, dein Auffangnetz. Entdecke dich. Ich fang dich auf, wenn es in die Hose geht. Und dann versuchst du es gleich noch mal.«

Als ich 18 Jahre alt und ein Führerscheinfrischling war, habe ich das Auto meiner Schwester zum Totalschaden gefahren. Ich war nur eine Sekunde unaufmerksam und dann hat mich das Aquaplaning erwischt. Erst krachte ich mit dem Wagen links in die Leitplanke, dann vor lauter Schreck noch in die rechte. Autolifting nennt man das. Ich war fix und fertig. Am nächsten Tag hat mein Vater mich im Auto ans Lenkrad gesetzt. Wir fuhren an dem Tag in den Urlaub – mit dem dicken Firmenwagen meines Vaters. Und mit Servolenkung. Die hatte das Auto meiner Schwester nicht. Ich bin gefühlt 30 Minuten lang gestorben. So lange musste ich fahren. Mein Vater hingegen war die Ruhe in Person. Er strahlte mit seinem ganzen Sein Sicherheit aus:

»*Du kannst das. Ich vertraue dir. Es ist alles gut.*« Heute bin ich eine sichere Vielfahrerin mit Spaß beim Autofahren. Dank der Intervention und der Sicherheit meines Vaters.

Kinder, die sich sicher fühlen, trauen sich unendlich mehr zu. Sie sind mutiger bei Herausforderungen und selbstsicherer im Alltag. Ihre Entwicklung hat freie Bahn. Wichtig ist hier, nicht unser Verständnis von Sicherheit mit dem kindlichen Bedürfnis von Sicherheit zu vergleichen. Wir verknüpfen mit Sicherheit finanzielle Absicherung, ein Dach über dem Kopf, genug zu essen und die Abwesenheit von Gefahr. Dies sind jedoch wieder nur die physischen Grundbedürfnisse. Wir müssen verstehen, dass die kindliche Seele sich nach einer anderen Form von Sicherheit sehnt. Eine gleichförmige, vorhersehbare Reaktion der Eltern oder Lehrer gibt Sicherheit. Unsicherheit entsteht hingegen, wenn ein Kind für ein Vergehen beim einen Mal ausgeschimpft wird und beim anderen Mal nicht. Sicherheit entsteht durch Zutrauen: »Du kannst das, du schaffst das, ich steh hinter dir und fang dich auf; ich bin dein doppeltes Netz für den Fall der Fälle.« Sicherheit gründet sich auf dem Anerkennen des Seins, dem Sehen der Bedürfnisse des Kindes, der Offenheit für Neues und der Erlaubnis, sich ausprobieren zu dürfen.

Klarheit

Wir Erwachsenen neigen dazu, Dinge nicht auszusprechen, die eigentlich auf der Hand liegen. Dabei sehen Kinder (und nicht nur die) an unserem Gesichtsausdruck und Verhalten, wie wir etwas finden was wir denken. Warum trauen wir uns also nicht, es auszusprechen, für Klarheit zu sorgen? Es gibt tausende solcher Situationen, in denen wir manche Dinge nicht aussprechen, um unsere Kinder zu schützen. Wir denken uns: Sie sind zu klein, sie verstehen das noch nicht. Dabei haben sie schon längst anhand deines Verhaltens gesehen und gespürt, dass etwas im Busch ist. Auch hier verstehen wir das Bedürfnis der kindlichen Seele nicht. Sie spürt, nimmt wahr, dass etwas nicht in Ordnung ist. Eltern, die zum Beispiel mit dem Gedanken der Trennung spielen, strahlen das aus. Dies tun sie auch dann, wenn sie nur hinter verschlossenen Türen streiten. Kinderseelen nehmen die kleinen Nuancen in der zwischenmenschlichen Begegnung wahr. Paul Watzlawick sagt, man kann nicht nicht kommunizieren. Selbst wenn wir kein Wort sprechen, kommunizieren wir – durch kleine Gesten, Mimik und unser gesamtes Verhalten.[15] So nimmt ein Kind wahr, dass etwas nicht stimmt, egal, ob es um Trennung geht oder einfach nur um unser tägliches Emotionschaos.

Was dem Kind dabei fehlt, ist die Klarheit, was genau nicht in Ordnung ist. Da es keine Worte gibt, versucht das Kind, sich selbst einen Reim auf die Situation zu machen; leider meistens den falschen. Nehmen wir mal an, ein Elternpaar ist ständig unterschiedlicher Meinung, was Erziehung angeht. Das kann ja durchaus vorkommen. Das Kind bekommt diese Diskussionen natürlich mit. Dann trennen sich die Eltern, weil einer der beiden sich neu verliebt hat oder sie sich einfach auseinandergelebt haben. Dies wird aber nicht klar kommuniziert. Was kommt dann beim Kind an? »Mama und Papa waren immer unterschiedlicher Meinung wegen mir. Also trennen sie sich wegen mir. Ich bin schuld.« Klarheit bedeutet, die Dinge beim Namen nennen zu können, natürlich immer altersgerecht und nur mit den Informationen, die ein Kind braucht, um zu verstehen.

Ich versuche, so viel Klarheit wie möglich zu erzeugen. Wenn ich meinen Sohn mal anmotze, weil ich schlecht drauf bin, dann stelle ich das sofort wieder klar: »Ich bin heute schlecht drauf. Es gab Situationen, die mich geärgert haben, die nichts mit dir zu tun haben. Nur damit du weißt, warum ich gerade überreagiert habe. Ich versuche, mich jetzt wieder einzukriegen.« Mein Sohn hat dann die Sicherheit, dass er nicht schuld ist, weil ich für Klarheit gesorgt habe.

Kurz nachdem ich mich von dem Vater meines Sohnes getrennt hatte, kam ein Kindergartenfreund meines Sohnes zu Besuch. Er kam rein, guckte sich um und fragte: »Wo ist denn dein Papa?« Autsch. Ich dachte: »Falsche Frage. Muss das jetzt sein?« Mein Sohn antwortete aber ganz gelassen: »Mama und Papa haben sich immer gestritten und verstehen sich nicht mehr. Mein Papa wohnt jetzt woanders.« Erleichtertes Aufatmen meinerseits: Alles richtig gemacht.

Wir leben allerdings leider in einer Gesellschaft, in der Klarheit nicht gelebt und als nicht sozial verträglich angesehen wird. Wenn ich klar sage, was los ist, verletze ich vielleicht die Regeln des Anstands oder die Gefühle des anderen. Dadurch schaffen wir jedoch mehr Probleme als nötig, machen die Sache meist nur komplizierter. Wir haben verlernt, die Dinge beim Namen zu nennen. Kinder benötigen diese Klarheit, damit sie wissen, woran sie sind. Schaffen wir es, mit ihnen Klarheit zu leben, werden sie sich als Erwachsene weniger verbiegen und verstellen müssen. Es trägt zur Selbstwertfindung und Bestätigung bei.

Doch anstatt diese Klarheit zu leben, überhäufen wir uns selbst und unsere Kinder mit Aussagen, die niemandem guttun. Und das, obwohl wir uns alle gemäß unserer Grundbedürfnisse etwas anderes wünschen. Das ist so paradox. Wir sehnen uns nach Anerkennung, einem Beziehungsangebot, Bestätigung, Selbstwerterhöhung und verwenden gleichzeitig selbst sehr viel mehr negative Sätze und Wörter in unserer Alltagssprache als positive. Unser gesamter Sprachgebrauch ist an den Defiziten orientiert. Aus unseren Gedanken werden Wörter und aus unseren Wörtern werden Taten. Ein erster Schritt, dies zu ändern, wäre, sich die eigenen Handlungen und Sichtweisen anzuschauen. Diese geben Rückschlüsse auf das, was du sagst und somit auf das, was du denkst. Überprüfe dich selbst: Sind deine Taten in Bezug auf dein Kind geprägt von Klarheit, Sicherheit und der Erlaubnis, sein zu dürfen? Kann dein Kind an deinen Taten sehen, dass du seine Einzigartigkeit und Größe anerkennst?

An dieser Stelle muss ich gestehen: Selbst ich, wo ich doch von all diesen Dingen weiß, setze es nicht konsequent um. Alleine jetzt beim Schreiben schießen mir so viele Worte und Sätze in den Kopf, die ich meinen Kindern lieber nicht gesagt hätte. Und es kommt immer wieder vor, dass ich mich bei meinen Kindern sowohl für meine Taten als auch für meine Worte entschuldige und entschuldigen muss. Unsere Worte und Taten sind das Produkt unserer Gedanken. Deiner und meiner. Und in unseren Köpfen ist mächtig was los. Etwas, das uns und unseren Kindern nicht guttut. Es ist an der Zeit, umzudenken, neu zu denken, zurück zum Ursprung oder besser noch: unser Denken weiterzuentwickeln. Dazu bedarf es offener Augen und eines offenen Herzens, welche bereit sind, zu sehen und zu fühlen, was wirklich nötig ist. Dazu gehört auch die Bereitschaft, sich selbst gnadenlos den Spiegel vorzuhalten, um zu verstehen, woher diese Gedanken kommen, die uns und unseren Kindern nicht weiterhelfen. Das gibt uns die Möglichkeit, diese Gedanken zu transformieren oder zu eliminieren und neue zu kreieren.

Special:
Umgang mit digitalen Medien

Smartphone, Tablet, Laptop, Playstation – unsere Kinder sind digital. Wir Erwachsenen nur bedingt. Ich habe es bei Instagram inzwischen auf eine ganz ordentliche Reichweite gebracht. Allerdings musste ich mir erst mal von meinem Sohn und anderen jungen Menschen erklären lassen, wie das alles funktioniert. Wir leben im digitalen Zeitalter. Einkaufen per App – kein Problem. YouTube liefert Antworten und Anleitungen auf allerlei Fragen, die wir sonst nur mühsam beantwortet bekommen würden. Unsere Kinder wissen und nutzen das. Aber es gibt eine große Kluft. Eine Kluft des digitalen Wissens zwischen uns Erwachsenen und unseren Kindern. Natürlich, unsere Kinder wachsen damit auf, in aller Selbstverständlichkeit. Und dennoch müsste diese Kluft nicht so groß sein. Ich erlebe so unfassbar viele Erwachsene, die sich gegen digitale Medien und vor allem gegen Social Media sperren. In meinem Ausbildungsinstitut lade ich immer alle Teilnehmer zum weiterführenden Austausch in eine geschlossene Facebook-Gruppe ein. Dabei sehe ich dann oft in entsetzte Gesichter: »Facebook habe ich nicht. Das werde ich auch nicht haben.« Ja wieso denn eigentlich nicht? Ich bilde Menschen aus, die mit Kindern und Jugendlichen arbeiten. Wie sollen wir Kindern einen guten Umgang mit den digitalen Medien beibringen, wenn wir sie selber scheuen wie der Teufel das Weihwasser? In einem Seminar, welches ich besuchte, sagte einmal jemand, dass Lehrer zu dem Personenkreis gehören, der sich am wenigsten in digitalen sozialen Netzwerken aufhält. Ich weiß nicht, ob dies stimmt, kann es mir aber gut vorstellen. Doch ist es die Lösung, das alles zu verteufeln, dem Internet fernzubleiben oder sogar unseren Kindern den Umgang zu verbieten? Nein. Zumindest keine langfristige.

Die Digitalisierung steckt erst in den Kinderschuhen und wir Erwachsenen sind schon jetzt überfordert. Dabei wird es noch mehr. Viele der derzeitigen Berufe wird es irgendwann nicht mehr geben. Alles wird immer mehr automatisiert und digitalisiert. Auch Schule und Lernen werden davon nicht verschont bleiben. Schon jetzt lernen Kinder oft effektiver durch YouTube-Videos als durch die Erklärungen von Lehrern. Es ist also eine Frage der Zeit, bis Unterrichtsstoff digital aufbereitet und vermittelt wird. Ist es das, wovor wir Angst haben? Der Verlust von Arbeitsplätzen? Dann sollten wir uns umso mehr damit beschäftigen, es verstehen und anwenden wollen. Es gibt nämlich Dinge, die Kinder nicht digital lernen können: Empathie, Rücksichtnahme, Toleranz und andere soziale Kompetenzen. Bindung geht vor Bildung. Vielleicht werden Lehrer zukünftig dazu da sein, den Rahmen zu schaffen, ein Beziehungsangebot herzustellen, um Lernen leichter zu machen. Wie auch immer die Zukunft aussehen mag, den Kopf in den Sand zu stecken, hilft wohl eher nicht. Unsere Kinder leben mit den digitalen Medien. Wenn wir ihnen einen guten Umgang damit beibringen möchten, dann müssen wir selbst erst einmal damit umgehen können. Und mit Digitalisierung ist nicht gemeint, dass wir ein paar Beamer in den Schulen aufhängen und dort das Gleiche zeigen und machen, was wir vorher per Overheadprojektor gemacht haben.

Special

Das Gör hängt dauernd vor dem Handy

Wenn »Handy wegnehmen« und »Strom ausschalten« unsere Antwort auf den digitalen Konsum unserer Kinder ist, dann haben wir etwas Wesentliches noch nicht verstanden. Natürlich bewerten wir alles anhand unserer eigenen Erfahrungen. Daher höre ich oft: »Wir hatten auch kein Handy und sind klargekommen.« Ja, das stimmt. Aber unsere Kinder leben in der heutigen Zeit und nicht in der, in der wir gelebt haben. Also geht es doch viel mehr darum, zu verstehen, was die heutigen Medien für unsere Kinder bedeuten und was die Digitalisierung wirklich mit ihnen macht. Es geht um einen Perspektivenwechsel. Ist dieser vollzogen, lassen sich bestimmt gute Absprachen finden. Eine solche könnte zum Beispiel sein, dass es Zeiten gibt, in denen das Handy nicht angefasst wird, am Esstisch beispielsweise. Bei uns gibt es die Regel: »Erst die Arbeit, dann das Vergnügen«. Sind alle Hausaufgaben gemacht, die kleinen Aufgaben der Mithilfe im Haushalt erledigt, darf gezockt werden.

Vielleicht stellst du dir jetzt die Frage, ab welchem Alter ein eigenes Smartphone für Kinder sinnvoll ist. Das ist von Kind zu Kind unterschiedlich, da eben jedes Kind individuell ist. Mein großer Sohn hat mit acht Jahren sein erstes Handy bekommen. Es hat einen Grund, warum er so »früh« ein Handy bekommen hat: Ich habe ihn von Beginn an zur Selbstständigkeit erzogen. Seine Besuche beim Papa beinhalteten eine Zugfahrt ins Ruhrgebiet. Wir haben angefangen zu trainieren, dass er den Weg zurück mit dem Zug allein schafft. In diesem Rahmen war das Handy eine Möglichkeit, mit der er sich sicher genug fühlen konnte, um diesen Schritt zu gehen. Nach zwei Jahren hatte er sich selbst Geld für ein Smartphone zusammengespart, weil er auch per WhatsApp kommunizieren wollte.

Mein Kurzer hat erst mit 13 Jahren ein Handy bekommen. Es bestand keine Notwendigkeit, dass er früher eins hätte haben sollen – im Gegenteil. Er ist ein Kind, das nicht so sorgsam mit Dingen und elektrischen Geräten umgeht. Er hatte einen iPod, der mehr kaputt als heile war. Also mussten wir erst den Umgang mit solchen Geräten trainieren.

Es kommt also auf die Fähigkeiten, Eigenschaften und Möglichkeiten deines Kindes an. Und auf die Notwendigkeit. Hier finde ich es sehr spannend, welche Argumente Eltern aufbringen, warum ihr Kind bereits mit sechs Jahren ein Smartphone hat oder haben sollte. Auf der einen Seite »meckern« wir über unsere Kinder, weil sie so viel an den Geräten hängen. Wir sagen dann Sätze wie »Wir sind ganz ohne die Dinger groß geworden und wussten uns trotzdem zu beschäftigen« und halten damit die »gute alte Zeit« hoch. Wenn wir ihnen aber ab der Grundschule ein Handy in die Hand drücken, dann sagen wir: »Dann können sie uns erreichen, wenn etwas passiert ist. Das ist sicherer.« Was haben die Kinder und Lehrer gemacht, als wir Erwachsenen selbst klein waren und »etwas passiert« ist, so ganz ohne Handy? Das hat doch auch funktioniert ...

Grundsätzlich sollten also Handy und Co. zu den Bedürfnissen und dem Entwicklungsstand deines Kindes passen, und nicht zur Umgehung der eigenen Angst dienen oder als »Babysitter« eingesetzt werden. Aber wie gesagt, jedes Kind ist verschieden.

Warum soziale Medien sozial sind

Ich sitze mit einer 19-jährigen Patientin in der Therapiestunde. Es geht ihr nicht gut. Sie hat sehr viel, zu viel Mist erlebt. Wir suchen nach positiven Dingen in ihrem Leben, nach etwas, das ihr Freude macht, ihr guttut. Ihr fällt nichts ein. Ich fühle mich, als ob ich ihr Würmer einzeln aus der Nase zu ziehen versuche. Und trotz aller Bemühungen kommt irgendwie nicht Greifbares und Lebbares dabei heraus. Einige Tage später bin ich auf Facebook unterwegs. Sie hat ihren Beziehungsstatus in »verlobt« geändert. Ach guck an, denke ich mir. Wenn das mal nicht etwas Positives ist. Genau das wird dann Inhalt unserer nächsten Therapiestunde.

Wir Deutschen sind eher introvertierte Menschen. Wir reden nicht gerne über uns, schon lange nicht mit Fremden. Je nach Region redet man gar nicht miteinander. Wir Rheinländer sind da schon anders. Wir tragen das Herz auf der Zunge, was allerdings nicht überall gern gesehen oder verstanden wird. Zumindest nicht im direkten Kontakt. Bei Facebook, Instagram und Co. funktioniert es aber erstaunlicherweise umso besser. Eigentlich ist das so betrachtet sogar eine Bereicherung, ein Fortschritt.

Ich bin auf Instagram relativ aktiv. Ich schreibe dort mit vielen jungen Menschen. Auf Instagram können sie durch die mehr oder weniger große Anonymität sagen, zeigen und schreiben, wie es ihnen wirklich geht. Ich bin also in Kontakt mit ihnen und ermuntere sie, mit der behandelnden Therapeutin die Dinge zu besprechen. Und dann ist sie da, die Hemmschwelle, die Angst vor Ablehnung, wieder nicht zu genügen. Der Splitter sitzt tief und tut weh. Aber auf Social Media kann ich mich äußern und darüber reden. Wir sehen auch hier immer nur das Negative, nehmen wahr, wie Negatives verbreitet wird und denken: »Na klar, hier traust du dich, andere zu beschimpfen und gehässig zu werden. Würdest du dem anderen es auch ins Gesicht sagen?« Wahrscheinlich nicht. Aber nicht nur die »Hater« nutzen die Anonymität. Die Verletzten und nicht Gesehenen auch. Mit dem Wunsch, gesehen zu werden. Auf Social Media sind die meisten Menschen sozialer als im realen Leben, die Erwachsenen wie die Kinder. Es ist die Übungsplattform.

Ich gehe einkaufen. An der Fleischtheke stehend, treffe ich eine Bekannte. Sie fragt mich, wie es mir geht. Ich erzähle ein wenig. Darauf sagt sie: »Das weiß ich doch schon alles über Instagram« und wir lachen beide. Sogar meine Mutter folgt mir auf Instagram. Sie sagt: »So weiß ich immer, was bei dir los ist.«

Ja, mit der Digitalisierung hat sich vieles geändert. Wir treffen uns weniger und tauschen auch unser Leben eher über Social Media aus. Es gibt Essensfotos, Fotos unserer Tiere, vom Urlaub und von unseren Aktivitäten. Wir teilen gute Artikel und äußern so unsere Meinung. Wir teilen sie sogar mit mehr Menschen, als wir es sonst je tun würden. Ist das jetzt schlechter oder besser? Für mich stellt sich die Frage nicht. Es ist anders, es ist wie es ist. Teenager snapchatten. Sie kommunizieren über WhatsApp und sind ständig in Kontakt. Mein Sohn schreibt andauernd irgendwelche Nachrichten. Es ist eine Form, andere am eigenen Leben teilhaben zu lassen. Es ist soziales Leben – nur anders, als wir es gewohnt sind.

Ich könnte es auch überspitzt darstellen: Wir alle bringen unseren Kindern bei, dass sie uns nicht unterbrechen sollen, wenn wir mit jemand anderem im Gespräch sind. Wir unterbrechen unsere Kinder aber andauernd, wenn sie im Gespräch sind. Nur weil es digital stattfindet, bewerten wir es nicht als Gespräch. Aber jetzt mal ehrlich, wie oft und viel unterhältst du dich über Social Media mit anderen? Ich tue es andauernd. Es geht von kurzen Absprachen über Small Talk bis hin zu tiefgreifenden Gesprächen. Eine ehrlich gemeinte Nachfrage wie »Wie geht es dir?« oder ein »Ich denk an dich« fördern die zwischenmenschliche Kommunikation und Nähe. Warum verteufeln wir es dann, wenn unsere Kinder es tun?

Warum es asozial ist, nicht in sozialen Medien zu sein

Bei meinem jüngeren Sohn habe ich mich lange gegen ein Smartphone gewehrt. Er ist in allem maßlos. Ich hatte Sorge, dass er es nicht mehr aus den Händen legt. Doch tatsächlich ist eher das Gegenteil der Fall. Warum er eins bekommen hat? Letztes Jahr hat er den Fußballverein gewechselt. Im neuen Verein gibt es eine Regel: Die Kids melden sich selbst vom Training oder Spiel ab und zeigen so ihren Teil der Verantwortung für das Team. Abmeldung hieß eine Nachricht per WhatsApp. Also bekam er ein Smartphone. Auf einmal ist vieles so viel einfacher. Er verabredet sich selbstständig, kümmert sich um sein Training und andere Dinge in Eigenverantwortung.

Natürlich hatte er mich vorher schon öfter gefragt, ob er ein Handy haben darf. Zuerst sagte er zum Zocken. Das änderte sich dann und er sagte, er wolle auch in der Klassengruppe sein wie alle anderen Kids seiner Klasse. Ja, es besteht die Gefahr, dass dieses Medium genutzt wird, um andere auszugrenzen. Aber es wird ebenso genutzt, um in Kontakt zu sein, die

Hausaufgaben zu erfragen, sich zu verabreden, die anderen am eigenen Leben teilhaben zu lassen. Wir neigen mal wieder dazu, die negativen Dinge mehr in den Fokus zu rücken als die Möglichkeiten, die das digitale Medium bringt. Es ist die heutige Art der Kommunikation. Verwehre ich dies meinem Kind, lasse ich zu, dass es ausgegrenzt ist, ausgegrenzt vom sozialen Leben der Gleichaltrigen, der Klassenkameraden. Selbst die Lehrer sind meist auch in diesen Klassengruppen und geben Informationen über das Medium weiter.

Stell dir vor, du bist in einer Gruppe von Menschen. Im Allgemeinen gehörst du nicht gerade zu denjenigen, die sich in Gruppen zu 100 Prozent wohlfühlen. Du achtest also darauf, nicht aufzufallen, dich anzupassen. Jetzt verlässt du kurz den Raum, weil du auf die Toilette musst. Sofort ist der Gedanke da: »Werden die anderen jetzt über mich reden?« Du kommst zurück und prüfst erst einmal die Lage, guckst in die Gesichter der anderen, atmest erleichtert auf. Es ist alles wie vorher.

Genau das Gleiche passiert, wenn wir unseren Kindern ihre Smartphones wegnehmen. Sie können nicht mehr mitreden, bekommen nicht direkt mit, ob über sie geredet wird. Das ist für unsere Kids Stress pur. Wenn es dann noch ein dreiwöchiges Handyverbot gibt, dann sperrst du dein Kind so gesehen drei Wochen ein. Es ist wie früher der Stubenarrest, den wir alle gehasst haben. Die Kids müssen sich danach erst wieder vorsichtig herantasten. Ist alles ok? Was ist während meiner Abwesenheit passiert? Gehöre ich noch dazu? Wir öffnen dadurch die Tür für Ausgrenzung. Zudem wüsste ich nicht, welchem »Vergehen« ein Handyverbot über einen längeren Zeitraum als logische Konsequenz folgen sollte.

Natürlich passiert es auch, dass über Social Media ausgegrenzt und gemobbt wird. Genau deswegen ist es so wichtig, dass wir uns auskennen und unsere Kinder aufklären. Ihnen vermitteln, dass jedes Bild, einmal gepostet oder veröffentlicht, nicht mehr zurückrufbar ist, weil es schon an etlichen Stellen gespeichert sein kann. Auch dann, wenn du selbst es schon wieder gelöscht hast. Wir müssen ihnen beibringen, dass im Social-Media-Bereich die gleichen Regeln des Miteinanders gelten wie sonst auch. Deswegen ist es wichtig, dass Lehrer auch in Klassengruppen sind. Und es ist genauso wichtig, im offenen Gespräch zu sein. Meine Söhne haben beide schon mal etwas über WhatsApp veröffentlicht, was nicht gut war: Wir haben das besprochen und klare Regeln aufgestellt. Aber seien wir mal ehrlich: Wir selbst sagen auch öfter mal Dinge, die wir lieber für uns behalten hätten. Machen wir daraus auch solch einen Staatsakt? Da sagen wir schnell »Das ist ja was anderes«. Ja? Warum noch mal? Ob derjenige mir gegenübersitzt, ich es in einem Telefonat sage oder es schreibe, eine Beleidigung bleibt eine Beleidigung. Und wenn ich es anderen sage und nicht ihm, dann ist es Lästern – egal, welches Medium ich dafür nutze.

Kompetenzen durch Computerspiele
Ich sitze mit einem Freund der Familie im Auto. Wir unterhalten uns über dies und das. Dann kommen wir auf die Spiele meines Sohnes zu sprechen. Er hat ein paar Runden mit ihm zusammen gezockt und sagt voller Bewunderung: »Weißt du eigentlich, wie gut dein Sohn in den Spielen ist?« Ich verdrehe etwas genervt die Augen. Gedanken wie »Wäre er doch lieber in etwas anderem gut. Er kann super zocken, ja, aber was hat das mit dem Leben zu tun?« schießen mir durch den

Kopf. Mein Gesprächspartner scheint dies zu ahnen. Er holt aus. »Es ist schon krass, was diese Spiele heutzutage von den Teens verlangen. Ja, es ist ein Ego-Shooter-Spiel. Aber es geht darum, blitzschnell Entscheidungen zu treffen, damit die Mission erfüllt werden kann. Dabei muss man sein Team im Auge behalten und auch die Ressourcen. Man muss vorausschauend Denken können und das blitzschnell in Handlungen umsetzen, das heißt die richtigen Tasten drücken. Und dein Sohn ist darin richtig gut, schnell, vorausschauend, den Überblick bewahrend mit der notwendigen Verantwortung.« Ich lass es sacken und denke weiter darüber nach.

Nach dem Gespräch habe ich mich mal mit diesen Spielen auseinandergesetzt. Oder sagen wir: Ich habe es versucht. Ein Autorennen. Ich habe die Koordination mit dem Controller nicht hinbekommen. Ich bin andauernd in die Leitplanke gefahren. Von der rechtzeitigen Reaktion, um Hindernisse zu umfahren, schweige ich mal lieber ganz. Ich musste meine Meinung über die Spiele revidieren. Wir bekommen über die Medien ein zu einseitiges Bild vermittelt. Sobald ein verstörter junger Mensch einen Amoklauf unternimmt, heißt es sofort »Er hat es ja auch geübt in Ego-Shooter-Spielen«, oder »So viel, wie er gezockt hat, kann man ja sein Aggressionspotenzial verstehen. Wahrscheinlich war er auch dort immer der Loser«. Mag sein. Aber es ist eine einseitige Sicht. Millionen von jungen Menschen spielen diese Computerspiele und machen nichts Gewalttätiges. Es ist mir zu einfach, es auf die Spiele zu schieben. Viel mehr noch, in diesen Spielen lernen die jungen Menschen Dinge, die sie in der realen Welt nicht mehr lernen. Jetzt sagst du, dann sollen sie doch lieber draußen spielen. Aber wo denn? Die sozialen Räume, die wir früher hatten, gibt es kaum noch. Selbst im Verein geht es um Leistung und nicht um den Spaß am Spiel. Wo sollen sie sich den erproben und Erfahrungen machen? Das geht am besten in einem Medium, welches ihnen Freude bereitet. Wir wissen doch alle: Mit Spaß lernt es sich besser. Computerspiele sind dazu auf jeden Fall geeignet.

Strategie In den meisten Spielen gibt es eine Mission, die es zu erfüllen gilt. Es geht nicht darum, in eine Welt zu springen und einfach drauflos zu ballern, wie es vielleicht auf den ersten Blick scheint. Es gibt eine Landkarte und man muss strategisch vorgehen, um sein Ziel zu erreichen. Dies erfordert logisches, verknüpfendes Denken. Man muss mehrere Dinge mit einbeziehen können. Dies aber nicht, wie ich das noch gelernt habe: Ich setze mich erst einmal hin und mache einen Plan. Meistens fangen die jungen Leute an, es zu versuchen, und es klappt nicht. Das machen sie so lange, bis sie die richtige Strategie gefunden haben. Wo könnte man das besser lernen als in einem Computerspiel? Im realen Leben wäre das ein sehr zeit- und geldaufwendiger Spaß.

Teamgeist Wenn meine Jungs zocken, höre ich sie immer lautstark fluchen und schimpfen. Am meisten regen sie sich darüber auf, wenn ein anderer unfair spielt oder nicht ordentlich mitwirkt an der Erfüllung der Mission. Die Missionen können nur erfolgreich abgeschlossen werden, wenn das Team die Sache gewinnt. Nur dann geht es weiter in ein höheres Level oder es gibt eine bessere Ausstattung. Ist einer im Team, der aus Spaß seine eigenen Männer angreift oder dem Teampartner die besten Waffen vor der Nase wegschnappt, dann funktioniert die Sache nicht. Es wird online gezockt. Also sind die Mitspieler per Headset miteinander verbunden. In der Euphorie des Spiels wird einfach alle Wut und alles Unverständnis über unfaires Verhalten rausgebrüllt. Und manchmal wird dann auch jemand aus der Spielsession rausgeschmissen. So lernen die Kids auf eine ganz spielerische Art und Weise, dass sie gemeinsam stärker sind und man sich aufeinander verlassen können muss. Und sie lernen, welche Konsequenzen es hat, wenn man nicht mit, sondern gegen die anderen spielt. Es ist eine Art soziales Kompetenztraining.

Hand-Augen-Koordination Wir gehen mit unseren Kids zu vielen U-Untersuchungen beim Kinderarzt. Ein Test prüft dabei die Reaktionsgeschwindigkeit und die sogenannte Augen-Hand-Koordination. Es ist eine visuomotorische Leistung. Das heißt, etwas wird gesehen (visuell) und dann in eine Bewegung (motorisch) umgesetzt. Kleine Kinder, bei denen diese Fähigkeit zu gering ausgeprägt ist, bekommen oftmals Ergotherapie verordnet. Dies soll jetzt kein Plädoyer dafür sein, schon Kleinkindern eine Playstation in die Hand zu drücken. Es soll nur aufzeigen, dass die Kinder beim Spielen am Computer oder an der Konsole sehr viele Dinge lernen, die wichtig sind und zur Gehirnreifung beitragen. Denn dabei ist genau das die ganze Zeit über gefordert: Etwas sehen und in Bewegung am Controller umsetzen. Sie lernen dadurch eine extrem gute Augen-Hand-Koordination.

Reaktionsgeschwindigkeit Ich weiß nicht, ob du Spiele am Handy spielst. Eigentlich macht es so gut wie jeder, auch wenn er es nicht zugibt. Ich kann nur Spiele spielen, bei denen ich

Special

genug Zeit zum Reagieren habe. Selbst Tetris wird mir zu anstrengend, wenn die Klötze immer schneller runterfallen oder ich nicht mehr genug Platz und somit genug Zeit zum Drehen der Klötze habe. Meine Reaktionsgeschwindigkeit ist dort und auch im realen Leben oftmals unterirdisch. Die Reaktionsgeschwindigkeit der Kinder oder Jugendlichen beim Zocken ist enorm. Wenn ich meinen Söhnen dabei zuschaue, wird mir ganz schwindelig. Ich habe noch nicht mal die gesamte Landschaft wahrgenommen und sie nehmen die kleinste Bewegung und Veränderung wahr, die auf ein Hindernis hinweisen könnte. Selbst bei einem Autorennen ist eine sehr hohe Reaktionsgeschwindigkeit gefragt. Und mit jedem Mal spielen wird die Fertigkeit noch verbessert.

Verantwortung Heißt das nun, dass wir unsere Kinder so viel zocken lassen sollen, wie sie wollen? Natürlich nicht. Es geht darum, zu verstehen, dass sie dort mehr lernen, als wir uns manchmal vorstellen können. Unsere Verantwortung als Erwachsene ist es, ihnen zu helfen, den Transfer in den Alltag zu schaffen; ihnen zu helfen, die neu gelernten Fähigkeiten auch dort anwenden zu können. Aber wie sollen wir das, wenn wir gar nicht wissen und verstehen, was sie dort tun? Ein verantwortungsvoller Umgang besteht nicht nur darin, die Spielzeiten festzulegen, sondern auch darin, dieses Spielen zu verstehen. Ich weiß, dass ich am Anfang sehr allergisch auf Diskussionen reagiert habe, wenn meine Jungs noch etwas mehr Zeit für die »Beendigung des Levels« benötigten. Heute weiß ich, dass es für alle Beteiligten blöd ist, wenn ein Spieler von jetzt auf gleich ausfällt, weil seine Mutter sagt, dass das Essen fertig sei. Da geht es dann auf einmal nicht mehr nur um mein Kind und meine Anforderung an mein Kind. Für ihn geht es darum, ob er sein Team im Stich lässt, darum, ob er das nächste Mal wieder in solch ein Spiel eingeladen wird und mit den anderen zusammen zocken kann. Seitdem ich das weiß, kündige ich vorzeitig an, wann Schluss ist. So gebe ich ihnen die Gelegenheit, das Spiel zu verlassen und dabei das Gesicht zu wahren.

Der Transfer gelingt, indem auch im Alltag Aufgaben gestellt werden, die strategisches Denken und Teamgeist erfordern. So habe ich z. B. mit meinem großen Sohn geübt, dass er an den Wochenenden oder auch in den Sommerferien alleine zu Hause bleiben kann. Ich habe ihm eine »Mission« gegeben, also Aufgaben, und die Rahmenbedingungen festgelegt. Er musste die Verantwortung übernehmen. Erst war es eine Nacht, dann ein Wochenende, inzwischen sind es auch schon mal zwei Wochen. Er hat sozusagen Level für Level gemeistert und so seine Fähigkeiten und auch Freiräume erweitert – wie in einem Computerspiel. Heute bin ich unfassbar stolz auf ihn und auf das, was er schon alles kann und wie viel Verantwortung er freiwillig übernimmt.

Und auch bei mir selbst ist sehr viel Gelassenheit eingekehrt, seitdem ich es mehr spielerisch betrachte und erkannt habe, was meine Jungs selbst durch das »blöde Zocken« lernen.

Viertes Kapitel

Verstehe dich selbst

»Mama, warum habe ich so Bauchweh?«
»Vielleicht, weil da nix drin ist.«
(Die letzte Mahlzeit war schon etwas länger her.)
»Hat Papa aus dem gleichen Grund Kopfweh?«

Der Blick in den Spiegel tut weh. Er ist gnadenlos, zeigt alle Macken, all das, was wir nicht sehen wollen und auch sonst nicht sehen. Muss das jetzt wirklich sein? Ich will gern wissen, was Kinder wirklich brauchen, bin bereit, ihnen alles zu geben, mich selbst aufzuopfern. Aber bitte verschone mich vor mir selbst. Eine kritische Selbstbetrachtung ist doch wirklich nicht nötig.

Doch es ist nötig, sehr dringend sogar. Es ist unerlässlich und unabwendbar, wenn sich wirklich von der Wurzel her etwas ändern soll. Es kommen so viele Familien zu mir in die Praxis, bei denen die Eltern ihre Kinder vorstellen nach dem Motto: »Hier, bitte, liebe Reparaturwerkstatt. Dusch mich, aber mach mich nicht nass.« Es fehlt meistens das Verständnis, dass ein Teil der Gründe, warum das Kind überhaupt »kaputt gegangen« ist, bei den Bezugspersonen zu finden ist. Kinder lernen und leben aus der Interaktion mit den Eltern und anderen erwachsenen Bezugspersonen. Sie lernen alles von dir. Alles! Das Bewusste und das Unbewusste. Das Schöne und das, was du selbst im Spiegel nicht angucken möchtest. Sie nehmen es als Schwingung auf und haben und entwickeln ihre eigenen Emotionen dazu. Und da wir verlernt haben, darauf zu schauen, was unsere Kinder wirklich brauchen, geben wir ihnen auch keine Anleitung, wie sie damit umgehen können, lassen sie nicht ihren eigenen Weg finden. Sie lernen dabei von uns, mit Emotionen umzugehen, indem sie es uns nachmachen. Weil sie es nicht anders wissen, nicht anders beigebracht bekommen haben. Ein ewiger Kreislauf. Wenn du den Kreislauf durchbrechen willst, dann musst du bei dir anfangen. Anfangen, dich selbst zu verstehen – oder zumindest dich verstehen zu wollen. Du als Mutter, Vater, Pädagoge, Lehrer oder Erzieher bist die Stellschraube für Veränderung. Eigentlich müssten bei einer psychotherapeutischen Behandlung für Kinder und Jugendliche mindestens genauso viele Stunden für die Bezugspersonen möglich sein wie für die Kinder selbst. Denn die Kinder sind selten das eigentliche Problem ...

Die eigene Biografie

Als ich meinen Pflegesohn bekommen habe, habe ich mich wie Bolle gefreut. Ein Säugling. Zwei Tage alt. Damals dachte ich: Oh, wie schön, ein »unkaputtes« Kind. Keine traumatischen Vorerfahrungen. Heute weiß ich, dass die Erfahrungen aus der Schwangerschaft und Geburt schon ausreichen ... Ich habe ein extremes Kind abbekommen. Im Kindergartenalter kam die ADHS-Diagnose mit medika-

mentöser Einstellung. Es war eine gute und richtige Entscheidung. Seither lese und lerne ich alles, was mir dabei hilft, ihn besser zu verstehen und ihn unterstützen zu können. Es gibt kaum eine Therapieform, die wir nicht ausprobiert haben. Alle Methoden, die ich im therapeutischen Kontext anwende und auch hier in späteren Kapiteln darlege, sind kampferprobt. Wir haben wirklich alles durch – auch Tagesklinik und Tagesgruppe, Ernährungsumstellung und Tomatis-Therapie, Regeln, Strukturen, Grenzen mit sinnvollen Konsequenzen, unterschiedliche Medikamente, Osteopathie. Und alles hat seine Berechtigung und immer ein Stück zur Verbesserung beigetragen. Aber richtig anders geworden ist es erst, als ich angefangen habe, mich zu verstehen, meinen Frust, meine eigene Biografie – für mich selbst, aber auch gerade im Blick auf meine Kinder. Zu verstehen, welche Knöpfe sie bei mir drücken können und warum. Zu erkennen, was ich ihnen unbewusst weitergegeben habe, obwohl das gar nicht meine Absicht war. Durch diese Erkenntnis und die dadurch resultierende Veränderung bei mir konnte eine großartige Veränderung bei meinem Sohn, nein, bei beiden meiner Söhne beginnen. Wir sind noch lange nicht am Ende. Mein Wachstum wird hoffentlich nie aufhören und das meiner Kinder hoffentlich auch nicht. Aber inzwischen stampft keine Elefantenhorde mehr durch unser Haus, da es keine Wutanfälle dieser Art mehr gibt. Mein Jüngster ist wieder beschulbar und wir sind auf dem Weg, die Medikamente überflüssig zu machen. Zu Hause kommt er bereits komplett ohne sie aus.

Der Weg über die Selbsterkenntnis ist anstrengend und schwer, ich weiß. Du kannst diesen Teil überspringen und sagen: »Da bin ich raus.« Das ist o. k. Du bestimmst die Geschwindigkeit und deine Möglichkeiten. Ich freue mich, dass du dich überhaupt mit dem Thema auseinandersetzt und dich fragst, was Kinder wirklich brauchen. Ich will dich dennoch ermutigen, dranzubleiben.

Hast du dich schon mal gefragt, warum Kinder von alkoholabhängigen Eltern später häufig auch zur Flasche greifen? Oder warum viele Kinder, die geschlagen wurden, später als Erwachsene auch ihre Kinder schlagen? Und dies, obwohl sie als Kind darunter gelitten haben und sich vielleicht sogar geschworen haben, so etwas nie zu tun. Ich wähle diese extremen Beispiele, um etwas zu verdeutlichen: Das Muster ist überall und immer das gleiche. Es ist egal, ob es dabei um Alkohol, Gewalt, Schüchternheit, soziale Erwünschtheit, Leistungsanspruch oder was auch immer geht. Wir geben unsere Verhaltensmuster an unsere Kinder weiter.

Stell dir das menschliche Sein als ein Betriebssystem vor. Ein System, nach dessen Muster wir funktionieren. Diese Muster bekommen wir von unseren Eltern einfach ungefragt übertragen. So wie in dem Beispiel mit den Stimmgabeln. Das geschieht in den ersten drei Lebensjahren. Danach konfiguriert sich unser Betriebssystem anhand der Erfüllung unserer Grundbedürfnisse weiter. Das heißt, wir streben danach, diese Bedürfnisse gestillt zu bekommen und haben unser Verhalten entsprechend ausgerichtet. Hattest du Eltern, die dir Liebe nur zeigen konnten, wenn du funktionierst und Leistung erbringst, dann wirst du das in dein Betriebssystem integriert haben. Es wird abgespeichert sein: »Ich muss funktionieren, um geliebt zu werden.« So entstehen Glaubenssätze. Glaubenssätze, die dann im Weiteren dein Handeln bestimmen, denn sie sitzen tief. Das eigene Verhalten damals an dein soziales Umfeld anzupassen, war sinnvoll und notwendig. Du hast so dafür gesorgt, dass du das bekommst, was du an

Bindung, Nähe, Anerkennung und Lustgewinn brauchst. Du konntest so die Kontrolle behalten.

Das Dumme ist nur, dass uns keiner gesagt hat, dass unser Betriebssystem irgendwann auch mal ein Update braucht, und wie man das macht. Dabei kommt kein Computer, kein Handy oder Tablet ohne Updates aus. Und bei uns Menschen ist das nicht anders. Die meisten nennen das »Persönlichkeitsentwicklung«. Warum genau ist das nun so notwendig?

Das Leben ändert sich, und damit auch die Anforderungen. Vom Schüler wirst du zum Auszubildenden oder Studenten, später zum Arbeitnehmer und irgendwann vielleicht sogar zum Arbeitgeber. Du verliebst dich und wirst irgendwann nicht mehr Tochter oder Sohn sein, sondern Partner oder Partnerin. Du wirst Mutter oder Vater. Und du stellst dich all diesen Herausforderungen mit dem gleichen Betriebssystem wie in deiner Kindheit. Das ist doch verrückt. Zugegeben: ich finde die Vorstellung sehr amüsant, nach der Geburt von der Hebamme so etwas zu hören wie: »Bevor ich Ihnen Ihr Kind gebe, müssen Sie bei sich ein Update installieren. Bitte laden Sie das Add-on ›Eltern sein‹ herunter und starten Sie sich anschließend neu.« Aber die Frage nach einem sogenannten Elternführerschein wird ja tatsächlich immer wieder gestellt. Nur ist dies etwas, was man nicht messen und von oben befehlen kann. Eine Gesellschaft, in der Persönlichkeitsentwicklung normal ist und von Kindesbeinen an gelehrt wird, würde die Forderung nach solch einem »Führerschein« überflüssig machen.

Aber warum schlagen geschlagene Kinder selbst auch irgendwann, obwohl sie es nicht wollten? Auch das liegt an unserem »Betriebssystem«. Wir übernehmen selbst die Teile des Betriebssystems unserer Eltern, die wir nicht wollen, ganz automatisch. Auch wenn wir den Wunsch und Willen haben, dieses oder jenes nicht zu tun, ist es dennoch irgendwo tief in uns. Und es geht lange gut. Aber dann kommt irgendwann eine Situation der Überforderung, in der alles zu viel wird. Vielleicht gab es Stress in der Firma oder Schwierigkeiten in der Partnerschaft. Oder das eigene Kind wird unverschämt und überdreht. Unser System schaltet bei gefühlten Notsituationen auf Autopilot und greift auf das Bekannte und Erlernte zurück, vor allem dann, wenn wir nie etwas Neues gelernt, kein Update gemacht haben. Dann ist es einfach da; das Verhalten, welches wir nicht wollten. Und in dem Moment ist es auch kaum steuerbar. Die Frage ist: Was machst du damit?

Ich bin noch in einer Generation groß geworden, in der der Einsatz von Schlägen als Bestrafung normal war. Auf meinem Hintern fand das Dasein von ein paar Kochlöffeln ein jähes Ende. Ich hatte beschlossen, so etwas nie zu tun. Aber dann war sie irgendwann da; die eine Situation, die bei mir die Sicherung hat durchbrennen lassen. Ich war nicht steuerungsfähig und hab meinem Sohn, wie man so schön sagt, den Hintern versohlt. Danach habe ich schluchzend und heulend auf meinem Bett gesessen, während das Haus voller Gäste war. Ich habe mich dafür gehasst, so gehandelt zu haben. Aber Selbsthass bringt uns nicht weiter. Er führt nicht dazu, dass wir höher- oder weiterentwickelte Wesen werden. Also war ich mutig und habe in den Spiegel geschaut. Verstanden, was dazu führen konnte. Meine Geschichte verstanden. Und dann habe ich mir vergeben – und allen Kochlöffeln. Ich habe es um meiner selbst und meiner Kinder willen getan. Das sollte nicht wieder passieren und ist es auch nicht.

Sei mutig und wage den Blick in den Spiegel: Wie viele Verhaltensweisen im Umgang mit deinen Kindern hast du schon mal an dir entdeckt, von denen du dir eigentlich als Kind geschworen hattest, sie niemals selbst an den Tag zu legen? Es sind bestimmt schon einmal Sätze gefallen wie »Ich bin hier der Chef und du hast zu machen, was ich sage«, »Man spricht nicht mit vollem Mund« oder »So lange du deine Füße unter meinen Tisch stellst, …!«. Sei ehrlich und schonungslos zu dir selbst. Nur was wir bewusst wahrnehmen, können wir ändern. Es werden auch einige Verhaltensweisen dabei sein, bei denen du dir denkst, »Ja, das mache ich genau wie meine Eltern, wie ich es selbst bei ihnen erlebt habe«. Das ist auch gut so. Nicht alles, was du erlebt und dir angewöhnt hast, ist automatisch falsch oder schlecht. Es geht in erster Linie darum, deine Verhaltensweisen und Muster bewusst wahrzunehmen. Deinem Verhalten und deinem Sein ins Auge zu blicken, um dann zu entscheiden, was bleiben darf und was weg muss. Es hat ein bisschen etwas vom Ausmisten des Kleiderschrankes. Dabei stellen wir uns nämlich Fragen wie »Passt es mir noch?«, »Gefällt es mir noch?«, »Werde ich es irgendwann wieder anziehen können oder wollen?«, »Ist es kaputt?« usw. So sollten wir uns auch beim Betrachten unserer Verhaltensmuster die Fragen stellen: »Dient es meinem Kind?«, »Hilft es meinem Kind, sich gemäß der Grundbedürfnisse gut zu entwickeln?«, »Berücksichtigt es die Einzigartigkeit meines Kindes?« – aber auch »Ist es gut für mich?« und »Dient es mir selbst?«. Und dann entscheidest du, was du damit machen willst.

Der nächste Blick in den Spiegel erfordert noch mehr Mut und auch die Fähigkeit, sich selbst zu reflektieren. Schau dir deine Kinder an oder die, mit denen du arbeitest. Wo sind sie wie du? Hast du ein sozial ängstliches Kind? Dann sei die Frage erlaubt: »Wie wohl fühlst du dich in neuen sozialen Kontexten?« Hast du ein aufbrausendes Kind? Dann frage dich: »Wie aufbrausend bin ich?« Hast du ein hochsensibles Kind? Dann denke darüber nach, wie sensibel du selbst bist. Kinder spiegeln uns, unser Sein. Der Apfel fällt eben nicht weit vom Birnbaum. Ich habe zwei Kinder, beide spiegeln unterschiedliche Teile meines Seins. Und es ist eine tägliche Herausforderung, der ich gerne nachkomme. Zu meinem Wohl und dem Wohl meiner Kinder.

Ich könnte hier unendlich viele Geschichten darüber erzählen, wie unsere eigene Biografie sich auf unsere Kinder auswirkt. Und damit ist nicht nur die Kindheit gemeint. Es geht um alles, was du erlebt hast, bis gestern. Es ist ein ständiges Reflektieren und Neuausrichten notwendig.

Da ist die Mutter, deren erster Sohn direkt nach der Geburt mit Verdacht auf einen Herzfehler in ein anderes Krankenhaus gebracht wurde. Sie konnte sich nicht um ihr Kind kümmern, wie sie wollte, und litt bis dato darunter. Danach stellte sich eine erneute Schwangerschaft ein. Ein Mädchen. In der Mitte der Schwangerschaft wurde klar, dass dieses Mädchen nicht leben können würde. Es folgte ein Schwangerschaftsabbruch – und mit ihm Depressionen. Bald darauf: eine erneute Schwangerschaft. Während dieser Schwangerschaft erlitt die Frau einen komplizierten Fußbruch. Sie musste ins Krankenhaus – und war wieder nicht bei ihrem Erstgeborenen. Dann wurde der kleine Bruder geboren, putzmunter und gesund. Endlich konnte die Mama alles geben, was ihr vorher nicht möglich war. Endlich war alles gut. Sechs Jahre später: Der ältere Bruder hasst den jüngeren. Es fällt der Satz »Er soll sterben gehen«. Anhand der Biografie der Mutter und im Hinblick auf die Grundbedürfnisse des älteren Sohnes völlig verständlich. Der Große hat das, was der Kleine bekommen hat, selbst nie erleben dürfen bzw. können. Es wurde ein anderes Band geknüpft. Die Mutter, immer noch belastet aufgrund der Ereignisse, hat es nicht gemerkt. Ihr fehlte das Bewusstsein dafür. Inzwischen hasst der große Sohn seinen Bruder nicht mehr. Die Mutter hat in ihrem Leben aufgeräumt. Eine Therapie für ihren Sohn ist überflüssig geworden.

Dann gibt es da noch eine andere Mutter. Sie sitzt am Rande des Spielplatzes und sieht ihrem Kind beim Spielen zu. Dieses klettert die Sprossen zur Rutsche hoch. Die Mutter ruft ihm zu: »Nein bleib unten, nicht klettern! Ich hab mir als 6-Jährige dabei die Hand gebrochen!«

Erkennst du die Zusammenhänge? Siehst du, wie notwendig es ist, dass du als erstes dich selbst verstehst, bevor du dein Kind verstehen kannst?

Kinder entwickeln Störungen, weil wir sie (meist unbewusst) in ihrer Entwicklung stören!

Und hier ist nicht nur das Schulsystem gemeint. Obwohl das einen gewaltigen Beitrag dazu leistet. Wir alle stören unsere Kinder, unbewusst und ungewollt. Es ist an der Zeit für Veränderung. Diese fängt genau mit dieser Erkenntnis an. Kinder spiegeln uns, unser Verhalten aber auch unser Sein. Natürlich kennen wir auch die lustigen Seiten daran:

Kind: »Ich möchte ein Eis.«

Mutter: »Nein.«

Kind: »Ich möchte ein Eis, jetzt! Und ich werde es dir nicht hundert Mal sagen und werde auch nicht darüber diskutieren.«

Über solche Geschichten schmunzeln wir. Wir wissen, dieses Kind spricht die Sätze seiner Mutter, nur in einem anderen Kontext. Aber Kinder spiegeln uns in allem. Wenn mein Kurzer morgens wutentbrannt die Tür hinter sich zuschlägt und auf dem Weg zur Schule rummotzt, weiß ich, dass ich dran bin. Dann nehme ich mir kurz Zeit für mich und horche in mich hinein: »Wo bist du heute schief gewickelt?« Zu 80 Prozent spiegelt er meine innere Unruhe; irgendeine Baustelle, die ich unbewusst nach außen transportiert habe. Wenn wir es zulassen, dann sind Kinder unsere größten Lehrmeister auf dem Weg zu einem friedvollen Sein mit uns selbst und mit unseren Kindern. Dann schaffen wir einen neuen Kreislauf. Einen positiven. In dem es normal ist, sich zu entschuldigen, weiterzuentwickeln, sein zu dürfen und Veränderung positiv zu gestalten.

Verantwortung

»Also, meine Eltern sollten das mal lesen. So, wie die unsere Kinder verhätscheln, kann das nix werden.«

»Die Schule ist schuld! Dort werden völlig altertümliche Methoden von vor hundert Jahren angewandt. Die Lehrer verstehen unsere Kinder überhaupt nicht.«

»Es fängt ja schon im Kindergarten an. Die Erzieher sagen mir andauernd, was mein Kind nicht kann. Dann sollen sie es ihm halt zeigen.«

»Ja, wenn die Politik endlich mal etwas ändern würde. Veränderung muss von oben kommen. Sonst hält sich doch keiner dran.«

Kommen dir diese Sätze bekannt vor? Ich selbst hab mich schon des einen oder anderen bedient. Ja, es darf und muss sich auf vielen Ebenen etwas ändern. Von daher hoffe ich, dass dieses Buch nicht nur von Eltern gelesen wird. Dennoch ist es viel zu einfach, die Verantwortung abzugeben. »Die anderen sind schuld« ist kein Modell, mit dem sich wirklich Veränderung herbeiführen lässt. Es fängt bei uns selbst an, indem wir die Verantwortung für unser Handeln übernehmen.

Jetzt sagst du vielleicht: »Na ja, ich kann ja nichts dafür. Ich bin das Produkt meiner Vergangenheit.« Und das stimmt auch. Es ist eine wunderbare und notwendige Erklärung, warum du bist, wie du bist. Aber es ist keine Entschuldigung dafür, dass es so bleiben muss oder sollte. Du kannst dich nicht aus der Verantwortung stehlen. Du bist verantwortlich für dein Sein und damit auch für den Werdegang deiner Kinder – und in letzter Konsequenz auch für die Entwicklung unserer Gesellschaft.

Alles, was passiert, ist ein Produkt des Denkens und Handelns einzelner. Zusammen entsteht ein sogenanntes globales Bewusstsein. Und schon befinden wir uns wieder in einem Kreislauf; dem Kreislauf der Verantwortungsweitergabe in unserem Land. Immer sind die anderen schuld: Die Flüchtlinge, die Politiker, die Eltern, die Lehrer, das Umfeld, der Job ... Wir sind so aufgewachsen und so geprägt.

Jetzt aber die gute Nachricht: Du kannst es ändern. Du kannst dir deine Verantwortung zurückerobern und damit für die Erfüllung deines Grundbedürfnisses nach Kontrolle und Orientierung sorgen. Damit machst du dich selbst zufriedener. Verantwortung ist sexy. Und jetzt fang bitte nicht mit dem nächsten Schwung Ausreden an. »Ich würde ja, aber ...« Egal, was nach dem Aber kommt – es ist eine Ausrede. Du darfst sie dir anschauen und dich noch ein Stück mehr verstehen. Und ich hoffe, dass du dann die Entscheidung triffst, sie nicht länger gelten zu lassen. Zu deinem eigenen Wohl, zum Wohle deiner Kinder und zum Wohle unserer gesamten Gesellschaft.

Persönlichkeitsentwicklung ist in aller Munde. »Werde du selbst. Du kannst alles erreichen. Lebe deine Träume. Werde die beste Version deiner selbst.« Es gibt so viele Werbeslogans, die uns animieren und ermutigen sollen, uns mit uns selbst auseinanderzusetzen. Vielen erschließt sich der Sinn darin nicht, sie halten es vielleicht sogar für egoistisch. Ich sage dir jedoch: Es ist alles andere als egoistisch. Es ist deine Verantwortung deinen Kindern gegenüber. Es ist die Verantwortung den Kindern gegenüber, mit denen du arbeitest. Tust du es nicht, mutest du den Kindern all dein Erleben, deine unbewussten Handlungsweisen, all deine Verletzungen und innewohnenden Kränkungen, all deine Ängste und Sorgen zu. Es liegt in deiner Verantwortung, dich um dein Selbst zu kümmern, wenn du mit Kindern lebst oder arbeitest. Es ist das Gegenteil von Egoismus.

Vertrauen

Ich gratuliere dir! Du warst mutig. Du hast in den Spiegel geschaut. Du bist gewillt, die Verantwortung zu übernehmen. Großartig! Jetzt fragst du dich vielleicht, was du mit dieser Erkenntnis machen sollst. Ich werde hier keine konkreten Wege aufzeigen können. In diesem Buch geht es zwar darum, was du tun kannst, damit es deinen Kindern anders ergeht als dir selbst. Vielleicht brauchst du für richtig große Belastungen aus deiner Vergangenheit therapeutische Unterstützung. Vielleicht reicht dir aber auch ein Coach oder ein Seminar oder ganz einfach ein Buch über Persönlichkeitsentwicklung. Das kannst du nur selbst für dich feststellen. Aber ich bin mir sicher: Du wirst deinen Weg finden, jetzt, wo der Anfang gemacht ist.

Der wichtigste Punkt ist vielleicht der: Du darfst dir vertrauen. Du brauchst dich nicht länger selbst zu sabotieren. Alles, was du brauchst, um diese Aufgabe zu meistern, liegt in dir selbst verborgen. Früher dachte ich auch, es müsste mich jemand anderes retten, mir das geben, was ich als Kind so kläglich vermisst habe. Mein inneres Kind ist aber inzwischen gut versorgt. Ich habe es selbst nachversorgt. Das kannst du auch. Dazu gibt es bereits hervorragende Bücher.[16] Ein Therapeut ist nicht immer unbedingt notwendig. Wenn du das Gefühl hast, dass dir Bücher nicht reichen, suche dir zum Beispiel jemanden, der in dem Gebiet weiter ist als du und dann lerne von ihm. Wir Menschen sind so angelegt, dass wir eigentlich alles, was wir zum Wachstum benötigen, schon in uns haben. Es ist somit auch eigentlich kein Lernen von etwas Neuem. Vielmehr ist es ein Erinnern. Erinnern an das, was schon immer da war. Erinnern an die Person, die du schon immer warst, bevor die Sozialisation so viel überlagert hat. Schalte die äußeren Stimmen aus und höre auf dein Bauchgefühl. Wenn du dein Bauchgefühl wahrnehmen kannst, ist es dein verlässlichster Ratgeber. Vertraue dir selber. Auch du bist großartig, einzigartig und besonders! Genau wie deine Kinder.

Wenn du dieses Bauchgefühl und deine eigenen Bedürfnisse für dich wiederentdeckt hast, bist du auch bereit, den zweiten Schritt zu gehen: Vertraue dir selbst im Hinblick auf deine Kinder.

Ich erlebe so viele verunsicherte Eltern, Lehrer, Erzieher und Pädagogen. Eltern bekommen von allen Seiten etwas anderes darüber gesagt, was sie tun müssten, was sie falsch machen. Lehrer sind überfordert mit immer mehr auffälligen Kindern in den Klassen. Erzieher leiden unter dem Personalmangel und sorgen für einen Kindergartenbetrieb, obwohl sie es eigentlich nicht dürften, wenn zu wenig Personal da ist. Es werden immer mehr traumapädagogische Gruppen eröffnet, jedoch ohne die Pädagogen dahingehend ausreichend auszubilden. Kurz zur Erklärung: Früher nannte man die Orte, in denen fremd untergebrachte Kinder leben, Kinderheime. Heute nennt man sie Gruppen. Traumatisierte Kinder sprengen jedoch oft den Rahmen solcher Gruppen durch ihr auffälliges Verhalten und ihre besondere Bedürftigkeit. Pädagogen sind jedoch nicht oder nicht ausreichend ausgebildet, um zu wissen, wie mit den besonderen Bedürfnissen und dem unverarbeiteten Stress traumatisierter Kinder umzugehen ist.

An dieser Stelle möchte ich aber eine erleichternde Botschaft an alle festhalten: Wir sind alle gleich. Keiner ist besser oder schlauer oder dergleichen.

Eine Zeit lang bin ich zu einem »Qualitätszirkel ADHS« gegangen. Ich war dort die einzige Therapeutin zwischen lauter Kinderärzten. In der ersten Sitzung war ich sehr still und ehrfurchtsvoll. Schließlich waren dort lauter Ärzte – und mittendrin ich, die kleine Gunda. Das hat sich aber direkt nach der ersten Sitzung geändert. Spätestens bei den Fallbesprechungen war mir klar: Auch die Ärzte kochen nur mit Wasser. Sie haben die gleichen Fragen, die sie nicht beantworten kön-

nen. An manchen Stellen wusste ich sogar mehr. Da wurde mir einmal mehr deutlich, wie elementar Außendarstellung ist. Diese Ärzte würden ihre Fragen nie an Patienten herantragen. Ich ja auch nicht. Nach außen bin ich souverän. Doch in meinem Inneren stelle ich mir als Therapeutin und Mutter die gleichen Fragen wie alle Eltern.

Also, liebe Mama, lieber Papa: Lass dich ermutigen und nicht einschüchtern. Hör in Bezug auf dich selbst und deine Kinder auf dein Bauchgefühl. Du kennst deine Kinder am besten, weißt, was sie brauchen. Wenn du unsicher bist, betrachte die Sache, die es vielleicht zu entscheiden gibt, unter Berücksichtigung der im zweiten Kapitel genannten Grundbedürfnisse. Lass deine Motivation Liebe sein. Sei dir über deine eigenen Baustellen im Klaren. Und du wirst wissen, was dein Kind braucht. Sei stark und mutig, auch eine andere Meinung zu haben als vielleicht die Erzieherin im Kindergarten oder der Lehrer. Und vor allem: Vertraue dir selbst, anstatt danach zu handeln, was deine Familie, Freunde oder andere dir raten. Eigene Eltern haben immer gute Ratschläge für alles. Aber du bist erwachsen und darfst eigene Entscheidungen treffen. Gute Entscheidungen für deine Kinder. Deine Eltern sind vielleicht erst einmal nicht so erfreut, wenn ihr Rat in den Wind geschlagen wird. Aber willst du Entscheidungen bezüglich deiner Kinder wirklich davon abhängig machen, ob deine eigenen Eltern das gut finden? Es ist an der Zeit, eigene Verantwortung zu übernehmen und dir selbst zu vertrauen. Du hast alles, was du brauchst. Glaub mir. Du kannst das.

Unser Bildungssystem macht es allen Beteiligten oftmals schwer. Kinder dürfen nicht angefasst werden, es könnte ja schließlich als Gewalt ausgelegt werden. Kinder müssen ein

Leistungsprofil erfüllen, sonst schneidet Deutschland bei der PISA-Studie zu schlecht ab. Kinder müssen funktionieren, damit der Rahmen, den wir geschaffen haben, wie Schule und Kindergarten, nur mit viel zu vielen Regeln funktioniert. Der Freiraum, eigene, sinnvolle Entscheidungen treffen zu können, scheint minimal.

Bei genauem Hinsehen gibt es jedoch auch innerhalb dieses Rahmens unglaublich viele Möglichkeiten. Was uns fehlt, ist schlicht das Vertrauen in uns selbst. Vertrauen, die richtigen Entscheidungen zu treffen, andere Methoden anzuwenden, im Rahmen aus dem Rahmen zu fallen. Die Angst vor irgendwelchen Folgen und Konsequenzen ist größer. Wenn du dich darin wiederfindest, möchte ich dich – wie schon in den vorigen Kapiteln – ermutigen, zur Liebe zurückzufinden. In der Liebe ist keine Angst. Liebe deinen Job. Liebe deine Kinder und vor allem liebe dich selbst. Auf diese Weise wirst du das Vertrauen in dich und deine Entscheidungen wiederfinden und mutig neue und vielleicht unorthodoxe Wege gehen. Ich betone es noch einmal: Es ist zum Wohl deiner selbst, zum Wohl deiner Kinder und letztendlich auch zum Wohl unserer Gesellschaft. Da bin ich mir sicher.

Reflektierte Eltern

Wir werden geboren, lernen Laufen und Sprechen. Wir gehen zur Schule, lernen Rechnen und Lesen. Wir erlernen ein Job und verdienen unser Geld für den Lebensunterhalt. Wir bekommen Kinder und ziehen diese groß. Wir werden alt und sterben.

So könnte man einen Lebenskreislauf in vier Sätzen beschreiben. Es gibt unfassbar viele Menschen, die so leben. Ich hoffe aber, du gehörst nicht dazu, denn so zu leben, bedeutet Stillstand. Werte und Normen werden unreflektiert weitergegeben. Das eigene Gefühlsleben, also was Erfahrungen mit dir machen und gemacht haben, wird ausgeblendet. Wir können uns nicht beschweren, dass das Schulsystem noch immer das gleiche ist wie vor hundert Jahren, und gleichzeitig unser eigenes System selbst nicht auch einer Erneuerung unterziehen. Unsere Kinder brauchen reflektierte Eltern.

Was heißt das nun schon wieder? Ganz einfach: Eltern, die sich ihrer eigenen Geschichte bewusst sind. Eltern, die die Fähigkeit besitzen, sich ihres Verhaltens bewusst zu sein. Weißt du, warum du wie handelst? Hast du dich selbst im Blick? Kennst du dich selbst? Magst du dich selbst? Von der Beantwortung dieser Fragen hängt so ungemein viel ab. 80 Prozent unseres Seins finden im Unterbewusstsein statt. Das ist vergleichbar mit dem Eisbergmodell. Von einem Eisberg sieht man nur die obere Spitze, die aus dem Wasser ragt. Wie groß der Berg unter der Wasseroberfläche ist, sieht keiner. Aber er ist riesig. So laufen auch unsere Prozesse automatisch sozusagen unter der Oberfläche ab – und zwar innerhalb des Betriebssystems unserer Kindheit.

Folgende Situation kennst du bestimmt auch: Ich erlebe das immer wieder beim Autofahren. Der Weg zur Praxis ist immer der gleiche. Er ist im Unterbewusstsein abgespeichert und ich fahre ihn gewissermaßen automatisch. So automatisch, dass ich mich manchmal frage, ob ich eine rote Ampel übersehen haben könnte. Das ist mit allem so, was wir gewohnt sind, was wir schon immer so gemacht haben. Also mit allen Dingen unserer Kindheit, die wir erlernt haben. All unser Sein wird sozusagen automatisch automatisiert. Wir sind so komplexe Wesen, dass wir gar nicht alle Sinneseindrücke auf einmal bewusst wahrnehmen können. Unser Gehirn filtert schon vorher automatisch für uns. So nehmen wir nur die Eindrücke wahr, die gerade zwingend erforderlich sind. Und diese Wahrnehmung richtet sich nach unserer Orientierung aus, welche wiederum halb automatisiert stattfindet – aufgrund unserer Vorerfahrungen. Wollen wir wirklich etwas verändern, gute Entscheidungen treffen, dann müssen wir uns mit unserem persönlichen Eisberg auseinandersetzen und verstehen lernen, warum wir wie entscheiden, handeln und funktionieren. Wir dürfen uns unserer Selbst bewusst werden, mit all den dazugehörigen inneren Dramen und Freuden.

Reflektierte Eltern sind in der Lage, gute Entscheidungen zu treffen. Sie verstehen viel schneller die Perspektive ihrer Kinder. Reflektierte Eltern durchbrechen den ewigen Kreislauf und bewirken großartige Veränderungen für ihre Kinder. Und auch für sich selbst, denn ein wunderbarer Nebeneffekt dessen ist auch die eigene größere Zufriedenheit.

Du bist nicht dein Kind
Patientin: »Ich werde Medizin studieren.«
Ich: »Wow, wie cool. Das ist eine echte Leistung.
Warum möchtest du denn Ärztin werden?«
Patientin: »Meine Oma wollte schon, dass mein Vater
Arzt wird. Er hat es aber nicht geschafft.
Jetzt bin ich dran.«

Dieses Beispiel zeigt uns: Neben der Auseinandersetzung mit dir selbst und deiner Geschichte, gibt es noch ein Thema, das es zu betrachten gilt. Es passiert ganz schnell und natürlich auch unbewusst: Wir neigen dazu, unsere eigenen, nicht gelebten Wünsche auf unsere Kinder zu übertragen. »Weil ich es so schwer hatte, soll mein Kind es besser haben.« Das ist die Motivation dahinter. Auf einmal sind unsere Kinder dafür verantwortlich, das leben zu müssen, was wir eigentlich leben wollen. Aber dein Kind ist nicht du. Dein Kind hat vielleicht ganz eigene und völlig andere Vorstellungen vom Leben. Es hat auf jeden Fall andere Fähigkeiten und Begabungen und vor allem ein ganz anderes Gefühlserleben. Denn jeder Mensch ist einzigartig und wundervoll, eben anders als der andere, auch deine Kinder.

Du kennst doch bestimmt diese Kurzvideos, in denen vermeintlich lustige Pannen, Stürze oder Ungeschicke von Leuten gefilmt wurden. Meistens ist dabei der Weg zum Sturz komisch im Sinne von lustig. Ich persönlich kann aber nicht darüber lachen. Ich fühle sofort den Schmerz am Ende. Mein Sohn guckt diese Videos und kann sich darüber herrlich amüsieren. Jetzt könnte ich ihm mangelnde Empathie unterstellen. Die hat er aber nicht. Er ist einfach anders als ich.

Ich bringe meinen Söhnen alles bei, was ich darüber weiß, wie das Leben und Sein in meinen Augen funktioniert. Sie machen mit der Erkenntnis jedoch andere Sachen, ziehen daraus andere Schlüsse und treffen andere Entscheidungen. Sie sind eben nicht ich. Sie sind einzigartig. Sie denken, fühlen und handeln anders. Bei deinen Kindern ist das genauso. Jetzt stellt sich aber die Frage: Dürfen deine Kinder das?

Du hast Angst, von der Mauer zu springen. Dürfen deine Kinder trotzdem dort herunterspringen? Du hasst Fußball. Darf dein Kind trotzdem im Verein Fußball spielen? Du kannst Computerspielen nichts abgewinnen. Darf dein Kind diese Spiele dennoch spielen? Du bist Arzt oder Anwalt. Darf dein Kind ohne Studium sein Leben meistern? Du lebst heterosexuelle Beziehungen. Darf dein Kind Menschen vom gleichen Geschlecht lieben?

Ich könnte noch endlos weiter Fragen dieser Art stellen. Vielleicht wirst du sagen: »Hey, Moment mal. So kann man das nicht sagen! Da geht es um Werte, die ich meinem Kind beibringe. Werte, für die ich mich bewusst entschieden habe.« Wenn du dich bewusst dafür entschieden hast: großartig. Das ist wundervoll. Aber dann gib deinem Kind doch die gleiche Freiheit, sich bewusst für etwas anderes entscheiden zu können. Du bist nicht dein Kind. Es empfindet und denkt anders als du. Gib ihm die Chance, die du schon für dich genutzt hast. So wirst du einen reflektierten Menschen heranziehen, der mit sich selbst im Reinen ist.

Du hast dich nicht bewusst für diese Werte entschieden? Du machst es so, weil es schon immer so war? Dein Kind hat sich genau deswegen auch daran zu halten? Das hingegen ist die Grundlage für Stillstand. Du liest dieses Buch doch, weil du wissen möchtest, was Kinder wirklich brauchen. Kinder brauchen reflektierte Eltern, die wissen, was sie warum tun. Eltern, die mit diesem Wissen ihren Kindern den Freiraum geben, eigene Entscheidungen zu treffen. »Weil es schon immer so war« ist keine Einstellung, die etwas verändert. Dann bleibt es auch so, wie es schon immer war. Möchtest du das wirklich? Möchtest du, dass dein Kind bloß eine Kopie von dir ist?

Möchtest du deinem Kind wirklich aufbürden, deine nicht erfüllten Träume zu leben?

Transgenerationales Trauma

Das jetzt auch noch? Ja, leider. Es gibt Dinge, die kommen nicht von dir. Du hast sie nicht weitergegeben. Dennoch sind sie da. Traumatische Erfahrungen, die sich nicht auflösen durften und im schlimmsten Fall im wahrsten Sinne des Wortes totgeschwiegen wurden, sind dennoch da. Sie werden über Generationen hinweg weitergegeben. Ich erlebe Patientinnen, die aus einer Depression einfach nicht herauskommen. Irgendwann kommt dann ans Tageslicht: Da gab es einen Todesfall bei den Großeltern, einen Selbstmord oder anderen extremen Verlust. Gewalterfahrungen. Missbrauch. Es wurde nie darüber geredet, geschweige denn, dass das Erlebnis aufgearbeitet wurde. Dieses Trauma bleibt in Form von Energie oder Schwingungen bestehen und manifestiert sich dann erst in der nächsten oder übernächsten Generation. Manchmal sogar noch später. Inzwischen füllen sich die Regale mit Fachbüchern zu diesem Thema und es werden immer mehr Studien durchgeführt, die alle das Gleiche beweisen: Traumata wirken über Generationen hinweg.[17]

Warum ich das hier erwähne? Es geht mir darum, ein Bewusstsein zu schaffen. Zeigt dein Kind Auffälligkeiten irgendeiner Art, die trotz deiner Selbstreflexion und der Beachtung der Grundbedürfnisse bestehen bleiben? Dann darfst du mal in deiner Familie nachfragen, ob es dort irgendeine alte Belastung gibt, die der Betrachtung bedarf. Zum anderen möchte ich dir die Notwendigkeit aufzeigen, dich um deine inneren

Dramen zu kümmern und emotional erlebten Stress, der bei Erinnerung daran heute noch schmerzt, aufzulösen. Wenn du bis jetzt gezögert hast, es nicht als so wichtig angesehen hast, weil du ja klarkommst, dann sieh dies als eine Aufforderung, ja fast Ermahnung: Kümmere dich darum. Es geht nicht nur darum, ob du irgendwie damit klarkommst. Es geht auch darum, ob du Raum schaffst für die unbewusste Weitergabe dieses Stresses. Denn genau das darfst du nicht zulassen. Räume auf mit den alten Geschichten. Für deine Kinder und die Kinder deiner Kinder.

Special:
Schule – Eltern und Lehrer, die die Perspektive wechseln können

Bücher sind großartig. Sie geben gute Impulse, erklären Dinge und sind eine echte Bereicherung. Das Leben besteht jedoch aus Erfahrungen. Gelerntes muss Anwendung finden, eben erfahren werden. Am besten mit allen Sinnen. Ich erlebe so viel Engstirnigkeit, so viel »Ich weiß, wie das geht«, dass es mich manchmal wütend macht. Vor allem dann, wenn das alles völlig an den Bedürfnissen von Kindern vorbeigeht. Jedes Kind ist unterschiedlich und individuell. Fachkräfte lernen Fachwissen. Das ist gut und richtig. Lehrer werden die Besten ihres Fachs. Erzieher lernen, großartige Angebote für Kinder zu machen. Pädagogen lernen tolle Methoden und Rechtsgrundlagen und noch einiges mehr. Was aber nicht gelehrt wird in diesen Ausbildungen und im Studium, ist, die Perspektive wechseln zu können. Ich habe Lehramt und Pädagogik studiert, habe mit einem Erzieher zusammengelebt. In keinem dieser Berufe wird etwas darüber gelehrt, wie Kinder wirklich »funktionieren«. Nichts über Entwicklungspsychologie oder darüber, wie man mit Kindern umgeht, die anders sind. Nichts darüber, was das eigene Erleben und Verhalten mit den Kindern zu tun hat. Natürlich können die Studieninhalte von Universität zu Universität und Bundesland zu Bundesland abweichen, doch ich kenne kaum einen, der dies wirklich im Studium vermittelt bekommen hat – und schon gar nicht in dem Umfang und der Tiefe, die nötig wären, um Kinder wirklich zu verstehen. Die Fachkräfte, die für unsere Kinder zuständig sind, lernen lauter theoretisches Fachwissen. Sie lernen aber nicht, aus der Perspektive der Kinder zu sehen. Und manchmal scheinen sie auch vergessen zu haben, dass sie selbst Mütter oder Väter sind und vor allem selbst Kinder waren. Sie sind so fachlich, dass sie sich nicht mehr einfühlen können. Hier benötigt unser Bildungssystem dringend eine Veränderung.

Denn letztlich brauchen wir nichts dringender als das: Bezugspersonen, also auch Erzieher, Pädagogen und Lehrer, die die Perspektive wechseln können. Es wäre wirklich wünschenswert – nein, notwendig –, dies als Ausbildungsinhalte in das Studium oder die Ausbildung zu integrieren. Solange dies noch nicht geschieht, sind alle Bezugspersonen herausgefordert, sich diese Fähigkeit eigenständig anzueignen, wenn sie Kinder wirklich zu einer positiven Entwicklung verhelfen wollen.

Ich sitze in der Therapiestunde. Ich höre aufmerksam meiner Patientin zu. Auf einmal vibriert meine Smartwatch. Ich drehe mein Handgelenk und gucke, wer mich anruft: Schule. Ich unterbreche den Redefluss meiner Patientin, entschuldige mich knapp und verschwinde. Wenn die Schule anruft, heißt das nichts Gutes. Da gehe ich immer ran. Um ehrlich zu sein, habe ich diese Watch sogar nur wegen der Schule. Oder genauer wegen meines Sohnes. Oder, noch besser, wegen meines Sohnes in der Schule. Diese beiden scheinen nicht miteinander kompatibel. Ich nehme das Telefonat also mit der Erwartung der nächsten Katastrophe an. Es ist nur die Sekretärin. Sie teilt mir freundlich mit, dass ab 13:00 Uhr hitzefrei ist. Ich stoße einen Seufzer der Erleichterung aus. Während ich zurück zu meiner Patientin gehe, nehme ich kurz wahr, dass der letzte Katastrophenanruf schon lange her ist. »Vielleicht kann ich wieder eine normale Uhr tragen«, denke ich mir und nehme das Gespräch wieder auf.

Mein Sohn ist kreativ, wissbegierig, charmant, gut erzogen, hilfsbereit, tierlieb und gewitzt. Er ist aber auch laut, hat einen hohen Sinn für Gerechtigkeit, ist sehr lustorientiert und impulsiv. Die ersten drei Monate in der Grundschule gingen gut. Dann kamen drei Monate, in denen er die ganze Schule auf Trab gehalten hat. Die Lehrerin hat nur noch mit Handy im Raum Unterricht gemacht. Sobald mein Kurzer aufdrehte, hat sie erst die entsprechende Kollegin angerufen, die meinen Sohn dann aus der Klasse pflückte. Danach hat sie mich angerufen. Ich bin dann innerhalb von zehn Minuten zur Schule geflitzt und habe meinen Sohn runterreguliert, damit er weiter am Unterricht teilnehmen konnte. Jeden Freitag war ich in der Schule und habe die Lehrerin gecoacht, bin mit ihr die Situationen durchgegangen, die meinen Sohn zu seinem »inadäquaten« Verhalten verleitet hatten. An einem dieser Freitage empfing mich die Lehrerin mit den Worten: »Frau Frey, jetzt brauchen Sie nicht mehr zu kommen. Ich habe verstanden, was Ihr Sohn braucht.« Ich konnte es kaum glauben. Aber so war es. Dort war eine engagierte Lehrerin, die sich die Mühe gemacht hatte, meinen Sohn zu verstehen. Sie hat dafür gesorgt, dass er eine tolle Grundschulzeit hatte und gleichzeitig eine schöne, saubere Schreibart ohne Rechtschreibfehler und noch vieles mehr gelernt hat. Ich werde ihr immer von Herzen dankbar sein. In der weiterführenden Schule suchte ich vorab das Gespräch mit den Klassenlehrern. Sie waren offen, verstanden aber nicht wirklich, was ich von ihnen wollte. Es kam, wie es kommen musste. Eineinhalb Jahre war mein Kurzer auf einer normalen Regelschule. Am Ende hat er gemacht, was er wollte, alle Lehrer (bis auf einen) an der Nase herumgeführt und vor allem nichts gelernt. Unzählige Male musste ich in die Schule kommen. In dieser Zeit habe ich mir die Smartwatch *angeschafft, damit ich nicht mit dem Handy in den Therapiestunden sitzen muss. Die Lehrer waren nur bereit, es überhaupt so lange mit ihm zu versuchen, wenn ich jederzeit erreichbar war. Was ein Glück, dass meine Selbstständigkeit mir das erlaubte. Aber irgendwann ging nichts mehr. Förderschule hieß es dann. Obwohl es nur acht Kinder in der Klasse gab, waren auch dort die Lehrer nur im geringen Maß in der Lage, diese besonderen Kinder zu verstehen. Mein Sohn (eigentlich sehr schlau und wissbegierig) machte alles, nur nicht das, was die Schule von ihm erwartete. Und keiner verstand ihn. Durch einen glücklichen Zufall bekam er irgendwann die Chance, an einer Privatschule unterrichtet zu werden. Dort ist er seit fast einem Jahr. Er lernt wieder, freiwillig. Er bringt gute Noten nach Hause. Der Start war zwar auch dort turbulent, aber die Lehrer geben sich Mühe, meinen Sohn zu verstehen. Natürlich stehe ich auch hier – wie die acht Schuljahre zuvor – für ständige Gespräche zur Verfügung. Es ist aber ein offenes und klares Miteinander. Ich bin sehr dankbar, dass mein Sohn diese Chance bekommen hat.*

Unser Bildungssystem, so wie es jetzt ist, hat wenig mit der Beachtung der Bedürfnisse von Kindern zu tun. Tagtäglich habe ich die Folgen unseres Systems in meiner Praxis sitzen. Kinder und Jugendliche, die sich selbst nicht als wertvoll erachten, denken, dass sie nichts können, sind da fast die harmlosesten Varianten. ADHS ist in aller Munde und eine Pille soll schnelle Abhilfe verschaffen, damit Kinder funktionieren und ins System passen. Ich weiß, dass ich hier das Leid vieler Eltern mit ihren Kindern anspreche. Alles um uns herum ändert sich, unsere gesamte Gesellschaft, nur in unseren Schulen scheint es einen Stillstand zu geben. Wir sehen bis heute die Wurzeln unseres Schulsystems, seine »Eltern« sozusagen.

Die »Eltern« von Schule sind zum einen die Religion und zum anderen das Militär. Diese beiden »Instanzen« haben Schule hervorgebracht. Und wenn wir uns jetzt ihr Selbstverständnis anschauen, dann verstehen wir, warum Schule ist, wie sie ist: Religion will belehren, uns die einzige Wahrheit kundtun. Wir sollen die Lehren aufnehmen, sie ungefragt als die eigenen übernehmen und danach handeln und leben. Die obersten Maximen des Militärs sind Gehorsam und Gleichförmigkeit. Und so sieht unsere Schule aus: Sie belehrt unsere Kinder, sagt ihnen, was sie denken sollen. Dies tut sie in totaler Gleichförmigkeit und nennt es aber Chancengleichheit. In Wahrheit ist das »Bulimie-Lernen«. Es wird auf Biegen und Brechen Wissen in die Kinder hineingestopft, damit sie es zielorientiert an einem Tag auskotzen, um es dann für immer zu vergessen. Hier besteht so großer Handlungsbedarf.

Aber gleichzeitig ist es viel zu einfach, alle Missstände einfach auf das System zu schieben. Es gibt inzwischen großartige Schulen, die innerhalb des Systems alles ganz anders machen. Ich spüre und erlebe in vielen Bereichen einen echten Aufbruch. Ich werde von Schulen angefragt, um dort Workshops zu geben, zum Beispiel zum Thema »Vom Lehrer zum Coach«. Es tut sich was in Deutschland und das ist großartig und dringend notwendig. Nordische Länder sind, was das Schulsystem angeht, in vielerlei Hinsicht teilweise deutlich weiter als wir. Wir dürfen uns dort gerne etwas abgucken.

Aber auch beim Thema Schule gilt es, die eigenen Baustellen zu betrachten. Ich habe letztes Jahr ein Event veranstaltet, die »Masterclass of Happiness«. Unser Ziel war es, die Teilnehmer wieder zurück in die kindliche Freude zu bringen. Dazu war es in unseren Augen notwendig, dass sich jeder erst einmal einer negativen Sache seiner Kindheit stellt. Die Gruppenbildung ging über Geräusche und Symbole. Es war erschreckend zu sehen, dass die Gruppe »Schulglocke« sofort so groß war, dass wir sie teilen mussten. Wir alle tragen Narben durch unsere Schulzeit in uns. Die Frage ist nur: Sind es Narben oder offene Wunden?

Wir werden automatisch unseren eigenen Stress in Bezug auf Schule auf unsere Kinder übertragen, wenn wir unsere eigenen Baustellen nicht vorher erkannt und aufgeräumt haben. Viele meckern über das Schulsystem, aber Veränderung fängt bei uns zu Hause an. Wie reagierst du, wenn dein Kind aus der Schule kommt? Löcherst du es sofort mit Fragen wie zum Beispiel »Wie war es?«, »Gab es Ärger?«, »Hast du gut mitgemacht?«? Dann will ich dich fragen, wie es dir ergehen würde, wenn du nach einem langen Arbeitstag, an dem nicht alles rund lief, müde nach Hause kommen würdest. Wie fändest du es, wenn dein Partner direkt hinter der Tür stehen und dich mit solchen Fragen bombardieren würde: »Wie war es auf der Arbeit?«, »Hattest du heute Stress?«, »Hast du alles geschafft, was du musstest oder wolltest?«, »Hattest du Ärger mit Kollegen?«, »Was hat der Chef zu dir gesagt?«. Ich würde mich, mir auf die Lippen beißend, verkrümeln und meine Ruhe haben wollen. Wieso muten wir das dann unseren Kindern zu? Für sie ist Schule anstrengend. Sie müssen bis zu acht Stunden lang machen, was sie nicht wollen oder zumindest in einer Art, die ihnen nicht entspricht. Sie müssen auf einem hohen Niveau funktionieren. Warum können wir ihnen nach der Schule nicht erst einmal die Auszeit gönnen, die wir uns selbst auch nehmen würden? Oder wie oft ist bei der Essenszeit das Thema Schule dran? Die Kinder können nicht entkommen und du nutzt es schamlos aus, sie mit deiner Meinung zu behelligen. Und wie ist es mit Noten und Zeugnissen? Wie oft kommt dir ein »Das kannst du besser« oder »Na ja, das war wohl nichts« über die Lippen? Bei all diesen Beispielen machst du mit in diesem leistungsorientierten System und berücksichtigst nicht die Bedürfnisse deines Kindes. Mach dir klar: Zu Hause entscheidest du – und nicht das Schulsystem. Du kannst deine Kinder auch trotz des Schulsystems mit Sätzen füttern wie: »Du bist großartig«, »Du kannst alles schaffen, was du dir vornimmst«, »Du darfst Schule sch…. finden«.

Deine Sätze und vor allem deine Haltung prägen viel mehr als alles andere. Deshalb ist es wichtig, positive und bestärkende Worte und Sätze für deine Kinder zu finden. Heutzutage gibt es den dritten und den vierten Bildungsweg. Man kann Abitur auch noch später machen. Der Arbeitsmarkt legt immer mehr Wert auf andere Fähigkeiten wie Engagement, vorausschauendes Denken und pragmatisches Handeln als auf einen super Schulabschluss und Lebenslauf. Und seien wir mal ehrlich: Wen interessieren die Noten der fünften bis neunten Klasse, wenn nach der zehnten der Realschulabschluss geschafft wurde? Niemanden. Also, warum sollen wir unsere Kinder dann so quälen?

Morgen ist die Zeugnisübergabe meines Sohnes. Er hat den Realschulabschluss geschafft. Er hat nicht gelernt, selten die Hausaufgaben gemacht und auch ein paar Mal gefehlt. Er hat dies bewusst getan. Er hat bewusst nur genauso viel getan, wie nötig war, um den Abschluss zu schaffen.

Ich nenne es das Mini-Max-Prinzip, entlehnt aus der Wirtschaft. Minimaler Aufwand, maximaler Output. Ich habe es ihm beige-

bracht, in dem Wissen, dass er 90 Prozent dessen, was er in der Schule lernt, sowieso nie wieder braucht. Nach den Ferien geht er dennoch weiter zur Schule. Er sagt, solange er noch nicht weiß, was er machen will, ist es die einfachste Art, die Zeit zu überbrücken, zumal ja in Deutschland Schulpflicht bis zum 18. Lebensjahr besteht. Über die Sinnhaftigkeit mancher Gesetze müsste meiner Meinung nach mal dringend nachgedacht werden. Wie sollen wir Kinder zu selbstbestimmten Erwachsenen erziehen, wenn es ihnen überall verwehrt wird, selbst zu bestimmen?

Die Rückkehr zum positiven Denken – Du bist, was du denkst!

Ich würde gerne in den verschiedenen Lehrerzimmern oder Teamsitzungen von Wohngruppen und Kindergärten Mäuschen spielen. Worüber wird sich dort unterhalten? Wie viele Gespräche finden dort in einem positiven Tenor statt wie z. B.: »Hast du gesehen, der Emil hat eine künstlerische Begabung, die sollten wir fördern«, »Alina hat sich heute getraut, von der Schaukel zu springen. Sie war so unfassbar mutig!«, »Der Unterricht mit den Kids hat heute unglaublich viel Spaß gemacht! Diese unterschiedlichen Persönlichkeiten in ihrer Entwicklung zu sehen, ist die pure Freude«. Ich wünschte mir von Herzen, dass ich ganz viele solcher Gespräche belauschen dürfte.

Leider sind wir Deutschen jedoch Vorreiter im Negativdenken. »Das funktioniert nicht. Der kann das nicht. Ich will das nicht. Aber so geht das nicht« und »Ich bin angestrengt. Das macht mir keinen Spaß. Das ist blöd«. Mein großer Sohn hatte in der Grundschule eine Klassenlehrerin, die eigentlich nicht an dieser Schule sein wollte. Dennoch hat sie sich, aus welchen Gründen auch immer, dazu entschieden, zu bleiben. Sie hat ihren Unmut dann den Kindern kundgetan, hat ihnen gesagt, dass sie nicht da sein will, dass kleine Kinder schrecklich anstrengend seien, dass sie keine Lust habe, sich mit ihnen auseinanderzusetzen. Das macht was mit Kindern. Jedes Wort, das wir aussprechen, hat seine Wirkung. Auch wenn wir uns dessen nicht immer bewusst sind.

Lehrer werden Lehrer, weil sie Kinder mögen. Und weil der

Job Sicherheit, ein gutes Einkommen und genug Freizeit verheißt (Ausnahmen bestätigen die Regel). Erzieher werden Erzieher, weil sie Kinder mögen. Und weil ja jeder mit kleinen Kindern umgehen kann, der Schulabschluss manchmal nicht für mehr reicht und kleine Kinder niedlich sind (das ist natürlich sehr überspitzt dargestellt). Aber alle fühlen sich gebeutelt, eingeschränkt und schlecht behandelt von unserem Bildungssystem. Aber wie soll denn aus dieser Negativität etwas Gutes entstehen?

Kinder großzuziehen, ihnen das Leben zu erklären, sie zu unterstützen bei der Entdeckung ihrer Fähigkeiten und Fertigkeiten, ist eine große Herausforderung, eine wundervolle Aufgabe und das schönste Geschenk zugleich. Wenn ich Kinder auf einem Stück ihres Weges begleiten durfte und sehe, wie sie wieder strahlen, sich selbst wiederentdeckt oder neu gefunden haben, dann lacht jedes Mal mein Herz. Für mich gibt es nichts Schöneres und Beglückenderes. Auch ich werde eingeschränkt vom System, obwohl ich selbstständig bin. Es gibt Gesetze und Vorgaben, die mir das Leben als Therapeutin manchmal schwer machen. Es ist nur die Frage, wohin ich meinen Blick wende: Auf die Vorgaben, die so vieles unmöglich erscheinen lassen, oder auf den Spielraum, der zwischen den Zeilen all der Normen und Gesetzte dennoch so viel Möglichkeiten bietet.

Neues Denken braucht das Land. Positives Denken, welches Energien freisetzt und Möglichkeiten sieht und schafft. Ein Denken der Liebe und der Fülle. Für jeden ist genug von allem da. Kinder sind wundervoll und einzigartig. Sie verdienen nur das Beste. Sie verdienen positive Menschen um sie herum. Menschen, die gesteuert werden von Liebe und nicht von Angst.

Die Macht der Worte

Es gibt so viele Geschichten, Fabeln und Sprüche darüber, was Worte anrichten. Und dennoch haben wir unsere Zunge oft nicht im Zaum. Ein Kind, das ständig unseren »geistigen Müll« hört, kann kein gesundes Selbstwertgefühl entwickeln. Worte wie »immer« und »nie« sind keine hilfreichen Wegbegleiter in der Erziehung. Du steckst damit dein eigenes Kind in eine Schublade und gibst ihm kaum Chancen, da wieder herauszukommen. Wir sind als Eltern aufgebracht, wenn unser Schützling von einem anderen Kind mit einem Schimpfwort beleidigt wurde und sagen dabei unseren Kindern selbst oft so Unglaubliches. Ich mag die Behauptung aufstellen, dass das abwertende Wort der Mutter, des Vaters und sogar des Lehrers mehr Spuren hinterlässt als das »blöder Arsch« eines Kindes im gleichen Alter.

Auch die nicht gesagten Worte hinterlassen ihre Spuren. Ein Kind, welches selten bis gar nicht solche Worte und Sätze hört wie »Du bist großartig«, »Du schaffst das«, »Ich hab dich lieb«, »Gut gemacht«, »Ich bin stolz auf dich«, »Du bist etwas Besonderes«, »Schön, dass es dich gibt«, »Ich glaube an dich« hat es deutlich schwerer im Leben. Ihr wäret erstaunt, wie groß der Anteil in der Therapie ist, Kindern und Jugendlichen zu sagen, dass sie toll sind, weil sie toll sind. Punkt. Wir feiern den ersten Freund, die vier in Mathe, jeden kleinen Fortschritt. Mal mit Kuchen, mal mit Eis. Aber immer mit vielen anerkennenden, wertschätzenden Worten. Und leider muss ich sehr oft hören: »Meine Eltern sagen mir nie so was.«

Hier muss ich mal mit aller Deutlichkeit sagen: Deine Worte sind gesprochene Gedanken. Wenn du also dein Kind verbal in eine Schublade steckst, dann machst du dies auch gedanklich. Mit anderen Worten: Du denkst schlecht von deinem Kind. Du denkst, dass es etwas nicht kann oder nie lernen wird. Du möchtest zwar gerne, dass dein Kind dir beweist, dass du Unrecht hast. Und du möchtest, dass dein Kind alle Möglichkeiten hat. Aber deine eigene Prägung steht dir im Weg und du gibst weiter, was du selbst gelernt und erfahren hast, wiederholst die Worte deiner Eltern. Zumindest ist das in den meisten Fällen so. Überprüfe dich selbst. Welchen »Maßstab« der Liebe wendest du in Hinblick auf deine Kinder an? Ist es eine Liebe, die »besser« weiß, was für dein Kind gut ist, die vorgibt und damit auch einengt? Wie viele liebende Worte sagst du im Vergleich zu den mahnenden?

Lehrer, Pädagogen und Erzieher stehen hier vor einer besonderen Herausforderung. Sie müssen Kinder beurteilen, nach Noten, nach Entwicklungsstand, nach Verhalten. Unsere gesetzlichen Vorgaben sind so. Das heißt, sie werden dazu angehalten, unsere Kinder in Schubladen zu stecken. Dies dann wirklich nur innerhalb der geforderten Beurteilung zu tun und ihnen in der restlichen Zeit mit Wertschätzung und Zuneigung in Wort und Tat zu begegnen, ist eine große Herausforderung. Und wir Eltern täten gut daran, sie positiv darin zu unterstützen.

Die Grundschullehrerin meines jüngeren Sohnes hat das auf einmalige Weise verstanden. An der Entlassungsfeier aus der Grundschule hat sie für jedes Kind eine Medaille gebastelt. Es gab eine Art Siegerehrung. Und sie hat bei jedem Kind seine persönliche, beson-

dere Stärke gelobt und geehrt. Mir ging das Herz auf. Denn auch mein »Chaoskind« bekam eine Medaille und wurde geehrt für seine offene und fröhliche Art.

Daher gibt es hier noch einen kleinen Praxistipp zur sofortigen Umsetzung für alle. Jedes Wort löst ein bestimmtes Gefühl aus. Dies ist so, da wir jedem Wort eine Bewertung gegeben haben und geben. Ich nenne mal ein paar Satzpaare, die eigentlich so ziemlich das Gleiche aussagen und dennoch unterschiedliche Emotionen auslösen. Fühl doch mal in sie hinein.

Ich bin stinksauer – Ich bin gereizt
Ich bin depressiv – Ich habe heute einen schlechten Tag
Ich bin im Stress – Ich bin sehr beschäftigt
Ich habe Lampenfieber – Ich bin voll energiegeladen
Ich habe panische Angst – Mir ist es etwas mulmig zumute
Der andere mag mich nicht – Der andere versteht mich nicht

Merkst du den Unterschied? Dein Kind merkt ihn auf jeden Fall. Kinder haben noch einen viel direkteren Zugang zu ihren Emotionen. Eine andere Wortwahl kannst du dir antrainieren. Langfristig hilft es natürlich am meisten, gar nicht erst in Schwarz-Weiß zu denken – und vor allem von deinem Kind oder von Kindern allgemein überhaupt das Schöne, Besondere, Einzigartige, Wundervolle zu denken, zu sehen und zu kommunizieren.

Fünftes Kapitel

Praktische Umsetzung und Methoden

Der Papa erwischt seine Jungs beim Toben:
»Passt auf. Das geht sonst ins Auge.«
Darauf der eine zum anderen: »Ab jetzt mit Augen zu.«

Nachdem du nun Einiges erfahren hast über die Bedürfnisse deines Kindes und was das alles mit dir zu tun hat, möchte ich dir ein paar praktische Ideen für die Umsetzung in den Alltag geben. Aus meiner Praxis weiß ich, dass Eltern es oft schwerfällt einen kreativen Transfer des Besprochenen in den Alltag mit Kindern selber herzustellen. Als Hilfestellung gehe ich auf einige Methoden an dieser Stelle genauer ein.

Freiraum zur Entfaltung

Ich hasse Fußball. Na ja, das ist vielleicht ein bisschen zu extrem formuliert. Ich kann dieser Sportart nichts abgewinnen. 22 Männer rennen hinter einem Ball her. Es wird gefoult und geschimpft. Und nicht immer gewinnt das eigentlich beste Team, meist hängt der Sieg vom *reinen Glück, der Tagesform oder anderen Faktoren ab. Es ist einfach nicht meine Welt. Doch ich habe da diesen Sohn, der, seit er laufen kann, mit allem Fußball spielt, was irgendwie rollt und geschossen werden kann. Er fragt mich, ob er in einem Verein spielen kann. Nach einem halben Jahr Generve gebe ich nach. Wir gehen zum Training der Bambinis. Ich sage: »Wenn der Trainer sagt, dass du Talent hast, darfst du spielen; bist du talentfrei, dann war es das.« Was soll ich sagen. Beim ersten Training haben sich schon die Trainer gestritten, wer ihn in der Mannschaft haben darf. Er spielt heute noch im Verein. Das heißt, zweimal die Woche Training und am Wochenende ein Spiel. Fahrdienst. Kosten für Equipment. Alles für etwas, das ich nicht leiden kann. Aber ich kann meinen Sohn gut leiden.*

Am Fußballfeld erlebe ich dann Eltern, die sich reinsteigern, bei denen man merkt: Fußball ist ihr Leben. Wenn ich dann die Kinder dazu sehe, stelle ich fest, dass einige nur Fußball spielen, weil Papa das will. Ein Kind möchte Zeit mit seinem Papa verbringen und möchte ihm gefallen. Also spielt es Fußball. Da werden augenscheinlich seine Bedürfnisse gestillt. Aber ist das wirklich so? Wie gut wird ein Kind in etwas sein, was es selbst eigentlich nicht machen möchte und nur für jemand anderen tut? Wie gut bist du bei Dingen, die du nicht tun willst, aber für andere tust? Und wie gut bist du bei den Sachen, für die du eine Leidenschaft hast, die du von Herzen gerne machst? Das Kind hat Zeit mit seinem Papa, wird aber aller Voraussicht nach nicht Papas Bedürfnis nach einem Sohn als Fußballstar erfüllen können. Ist es dann wirklich Qualitätszeit?

Kinder brauchen Freiraum zur Entfaltung. Einen Raum, in dem sie sich entdecken dürfen, sein können, wer sie wirklich sind, oder dies herausfinden können. Was macht mir Spaß?

Was macht keinen Spaß? Was kann ich gut und was nicht so gut? Hier ist es ganz maßgeblich, dass Eltern, Erzieher, Lehrer und Pädagogen es schaffen, innerlich von sich selbst abzurücken, von ihren Vorlieben, Wünschen und Bedürfnissen. Es geht darum, zu verstehen, dass unsere Wünsche und Bedürfnisse nicht die unseres Kindes sein müssen. Und das ist vielleicht der schwierigste Teil.

Wir wünschen uns für unsere Kinder meistens nur das Beste. Das Dumme ist, dass wir das aus der Sicht und Erfahrung unserer Kindheit und unserer Bedürfnisse sehen und entscheiden. Aber wir sind nicht unsere Kinder. Kannst du das? Kannst du deinem Kind Freiraum zur Entfaltung geben – losgelöst von deinen Erfahrungen, Wünschen und Ideen? Das fängt schon mit der Wahl der Freizeitbeschäftigung an. Darf dein Kind Fußball spielen oder Ballett tanzen oder was auch immer tun, obwohl es nie deine Wahl wäre? Schaffst du den inneren Freiraum, damit dein Kind sich entdecken darf?

Und natürlich geht dies weit über die Freizeitbeschäftigung außer Haus hinaus. Darf dein Kind zufrieden mit sich selbst beschäftigt sein und den größten Teil seiner Zeit alleine in seinem Zimmer verbringen? Oder schrillen dann bei dir die inneren Alarmglocken, weil du ein lebenslustiger Mensch bist, der gerne unter Leuten ist, und weil du denkst, dass das Verhalten des Kindes nicht normal oder gesund sein kann? Das geht natürlich auch andersherum. Vielleicht möchtest du deinem Kind untersagen, immer draußen mit Freunden unterwegs zu sein, weil du denkst, dass es so nicht zur Ruhe kommen kann. Schließlich brauchst du für dich ja auch diese Ruhe mit dir selbst in den eigenen vier Wänden. An dieser Stelle transportieren wir am allerstärksten unsere Wünsche unbewusst auf unsere Kinder. Aber wie sollen sie ihre Einzigartigkeit entdecken, ihre Vorlieben, Wünsche und Bedürfnisse kommunizieren, wenn wir es ihnen nicht gestatten, egal ob bewusst oder unbewusst? Später halten wir ihnen dann vor, dass sie an nichts Interesse haben und machen uns Sorgen, ob sie eine gute Berufswahl treffen. Die meisten Jugendlichen wissen nämlich gar nicht, was sie für eine Wahl treffen sollen. Sie haben schon sehr früh anerzogen bekommen, dass es nicht um ihre Wahl geht.

Manche Kindergärten haben verstanden, dass Kinder, gerade in den frühen Jahren der Kindheit, Freiraum zur Entfaltung brauchen. Es wurde verstanden, dass jedes Kind ein anderes Tempo und andere Bedürfnisse hat. Dennoch möchte ich hier deutlich machen: Ein vollkommen freies Konzept, in denen die Kinder die ganze Zeit alles selbst entscheiden dürfen, ist ebenfalls nicht im Sinn der Kinder. Es geht um einen Freiraum in einem schützenden Rahmen. Dieser Rahmen wird festgesetzt durch Regeln und Strukturen. Es geht nicht darum, alles selbst entscheiden zu dürfen. Damit sind vor allem kleine Kinder völlig überfordert. Es geht darum, einen Raum der Akzeptanz zu schaffen, in der Andersartigkeit gesehen wird und erwünscht ist.

Es gibt inzwischen auch Schulen, die dies verstanden haben. Dort gibt es klassenübergreifende Lernbüros anstatt Frontalunterricht. Fächer wie Biologie, Erdkunde oder Physik werden praktisch erfahrbar gemacht. Es gibt Freiraum zur Entfaltung. Eigene Fähigkeiten können entdeckt und ausprobiert werden. Ein großartiges Konzept, welches innerhalb unserer Schulnormen und -regeln durchführbar ist. Denn trotz aller Freiräume gibt es – in Form eines wöchentlichen Coachings – einen festen Rahmen aus Regeln und Strukturen, die die nötige emotionale Sicherheit für die Kinder herstellen. Auch wird dadurch die notwendige Qualitätssicherung gewährleistet, damit eine zentrale Abschlussprüfung kein Problem darstellt. Ganz im Gegenteil sogar: Zusätzlich zu dem notwendigen Lernstoff können diese Kinder noch zusätzliche Fähigkeiten entdecken und entwickeln.

Woran merken nun Kinder, dass sie den Freiraum zur Entfaltung haben? Ich erlebe immer wieder Eltern, die sagen: »Nein, wir machen keinen Leistungsdruck. Wir sagen unserem Sohn/ unserer Tochter, dass Sitzenbleiben nicht schlimm ist.« Es geht jedoch nicht darum, was du ein- oder zweimal sagst. Es geht darum, was du jeden Tag lebst. Wenn deine Welt nur aus Leistung und Erfolg besteht, dann wird dein Kind dir nicht glauben, dass schlechte Noten okay sind. Wenn du Sätze sagst wie »Oh, schön, eine Zwei. Das nächste Mal schaffst du auch eine Eins«, dann meinst du es als Ansporn und siehst, dass dein Kind noch größeres Potenzial hat. Bei deinem Kind kommt aber an: »Das war nicht gut genug für Mama oder Papa, ich habe wieder versagt.« Deine Worte, deine Gestik und Mimik spiegeln deine inneren Werte wider. Daher ist es natürlich eine Herausforderung, sich zurücknehmen zu können, um dem Kind den Freiraum zu geben, sich selbst zu entdecken. Denn dazu braucht es ein positives Umfeld, welches lobt und strahlt. Ich mag Fußball immer noch nicht. Aber wenn ich am Spielfeldrand stehe, bin ich die Mutter, die ihren Sohn am lautesten anfeuert und sich wie ein kleines Kind über jedes Tor freut. Nicht, weil ich Fußball mag, sondern weil ich es großartig finde, dass mein Sohn Fußball großartig findet und so viel Spaß daran hat.

Praktische Umsetzung und Methoden

Was sind also die Grundlagen für Freiraum zur Entfaltung?

1. Schaffe einen guten äußeren Rahmen, der Sicherheit gibt.
2. Schaffe einen inneren Rahmen aus Lob, Anerkennung und Bestätigung.
3. Befreie dich von deinen Ideen, Ansprüchen und Erfahrungen, was Kinder und vor allem dein Kind können oder machen muss.
4. Löse dich von äußeren Normen wie »Jungs tragen nur Blau« oder »Nur Mädchen dürfen mit Puppen spielen«.
5. Suche in dem bestehenden System die Möglichkeiten und Lücken, Freiräume zu schaffen.

Logische Konsequenzen

22.00 Uhr. Müde stapfe ich die Treppe hoch. Es war ein sau-anstrengender Tag, an dem so einiges schiefgelaufen ist. Ich will nur noch ins Bett. Ich komme am Zimmer meines älteren Sohnes vorbei. Er ist noch wach. Das ist okay. Er braucht weniger Schlaf als ich, das habe ich akzeptiert. Er steht immer von allein auf und in der Schule läuft es gut für ihn. Mein anderer Sohn braucht mehr Schlaf. Seine Freundlichkeit tagsüber hängt unmittelbar von seinem Schlafpensum ab. Deswegen ist er auch schon vor einer Stunde ins Bett gegangen. Ich stapfe weiter. Die Beine sind schwer. Oben angekommen, höre ich Geräusche aus dem Zimmer meines jüngeren Sohnes.

Logische Konsequenzen

Schlagartig bin ich aufmerksam, wie der Löwe vor dem Sprung auf die Beute. Alle Sinne sind scharf gestellt. »Er wird ja wohl nicht …?« Ich gehe in sein Zimmer. Das Licht im Flur reicht aus, um alles überblicken zu können. An seiner Körperhaltung sehe ich, dass er nur so tut, als würde er schlafen. Seine Muskeln sind angespannt. Mein Adlerauge sucht und findet: In Reichweite liegt das iPad. Ich nehme es in die Hände und fühle, dass es warm ist. Wut steigt in mir auf. Er hat gezockt! Ein ironisch-gepresstes »Na? Mal wieder nicht an die Regeln gehalten?«, kommt über meine Lippen. Schwups, auf einmal sitzt er kerzengerade im Bett. Wusste ich es doch, alles nur vorgetäuscht! Und schon motzt er rum: »Ich hab' nix gemacht. Das iPad liegt da nur zum Laden!« Meine Wut wird größer. Jetzt lügt er auch noch und will mich für dumm verkaufen. Ich antworte mit bebender Stimme und versuche meine Wut im Zaum zu halten: »Nee, ist klar, deswegen ist es auch ganz heiß und hat keinen Akku mehr.« Daraufhin er: »Na klar, nie glaubst du mir, immer bin ich schuld.« Meine Wut ist kaum noch zu zügeln und ich höre mich sagen: »Einen Monat Medienverbot hast du dir gerade eingehandelt, mein Freund!« Er schmeißt sich wütend auf sein Kissen. Das hätte er nicht tun sollen. Durch den Schwung flattert etwas unter seinem Kissen hervor, was wohl besser dort geblieben wäre. Inzwischen gleicht meine Tonlage nur noch dem Zischen einer Schlange: »Aufstehen. Sofort.« Mein Sohn merkt, dass er jetzt besser tut, was Mama sagt, und den Mund hält. Unter seinem Kissen finde ich unzählige Einwickelpapierchen von Süßigkeiten. Mir reißt endgültig der Geduldsfaden und ich brülle rum: »Aha, klauen kannst du auch! Hier ist kein Selbstbedienungsladen!« Es folgen weitere unschöne Worte und Sätze. Ganz am Ende meiner Tirade höre ich mich noch sagen. »Drei Monate keine Süßigkeiten, nur damit du schon mal Bescheid weißt.« Ich knalle die Tür hinter mir zu und lasse meinen Sohn im dunklen Zimmer ste-

hen. Beim Zähneputzen tut mir mein Ausbruch schon leid, obwohl ich immer noch koche vor Wut. Es kommen neue, andere Gedanken zu den vorhandenen »Warum-kann-er-nicht-einmal ...«-Gedanken dazu, zum Beispiel: »Wenn ich mich nicht im Griff habe, wie soll er das dann können oder lernen?« Ich gehe noch mal in sein Zimmer und presse so etwas raus wie: »Das, was ich gerade gesagt habe, war Quatsch. Über die Konsequenzen reden wir morgen.« Und schaffe es noch, ein gequältes »Gute Nacht, ich hab' dich lieb« hinterher zu quetschen.

Vielleicht sagt jetzt der eine oder andere: Das ist aber nicht wirklich konsequent. Stimmt.

Was bedeutet eigentlich konsequent sein und was sind Konsequenzen? Hier fängt das Dilemma schon an. Jeder versteht darunter etwas anderes. Doch woher soll ich dann wissen, was sinnvolle Konsequenzen sind? In meiner Praxis erlebe ich immer wieder Eltern, die sagen: »Natürlich bin ich konsequent.« Wenn ich nach Beispielen frage, sagen sie, dass sie das ausgesprochene Handyverbot für drei Wochen konsequent durchziehen. Dabei handelt es sich dann um die Konsequenz im Sinne von Unbeirrbarkeit und Entschlossenheit. Ich bin froh, dass ich in meinem Beispiel nicht entschlossen war, die drei- und einmonatige »Strafe« durchzuziehen.

Am nächsten Morgen habe ich mich dafür entschuldigt, dass ich ausgerastet bin, und für die angekündigten Strafen, die nicht stattfinden werden. Ich habe ihm erklärt, wie müde und enttäuscht ich war. Dann haben wir zusammen die Konsequenzen besprochen.

Es gibt noch eine andere und viel wichtigere Bedeutung von Konsequenz: Folgerichtigkeit und Schlüssigkeit. Meine Klienten frage ich: Wofür gab es denn das Handyverbot? Daraufhin höre ich Antworten wie: »Sie hat nicht für die Arbeit gelernt, war immer nur am Handy, und hat eine Fünf geschrieben.« Ist das aber eine Konsequenz? In meinen Augen ist es eine Strafe. Die Konsequenz hat die Tochter in diesem Fall schon erhalten: eine schlechte Note. Eine Konsequenz ist das, was logischerweise auf mein Verhalten folgt. Fahre ich zum Beispiel um 21:30 Uhr zum Supermarkt, um einzukaufen, ist die Konsequenz, dass ich nichts bekomme. Das Geschäft hat bereits geschlossen. Eine Strafe ist, wenn der Geschäftsführer rausstürmt und mir drei Wochen Einkaufsverbot erteilt, weil ich zur falschen Zeit einkaufen wollte. Es gibt also einen bedeutsamen Unterschied zwischen Konsequenz und Strafe – dazu später mehr.

Doch zunächst zurück zu meinem Sohn. Welche Konsequenz hatte nun sein Verhalten? Es gab nicht nur eine Konsequenz, sondern mehrere. Es waren ja auch mehrere »Taten«, aus denen zu lernen war:

Die Medienzeit wurde um die eine Stunde gekürzt, die er sich selbst genommen hatte. Er musste eine Stunde früher ins Bett, da ihm ja diese Stunde Schlaf fehlte. Seine elektronischen Geräte liegen, sobald er ins Bett geht, in meinem Zimmer. Durch sein Lügen konnte ich ihm nicht vertrauen und er musste sich das Vertrauen erst wieder verdienen. Am nächsten Tag gab es keine Süßigkeiten, da er an jenem Abend bereits mindestens eine Tagesration gegessen hatte.

Eine andere interessante Frage tut sich im Zusammenhang mit Konsequenzen und Strafen auf: Warum verhängen wir so gerne Medienverbot? Eltern geben mir auf diese Frage immer die gleiche Antwort: »Es ist das Einzige, was wirkt. Dann merke ich eine Reaktion; merke, dass es ihm/ihr Leid tut.« Aber tut es dem Kind wirklich leid? Ändert sich dann sein Verhalten? Ich denke nicht. Du hast in diesem Moment nur einen Schmerz verursacht. In Zukunft wird dein Kind vielleicht versuchen, den Schmerz zu vermeiden. Aber es hat selten wirklich verstanden, was es falsch gemacht hat und was es ändern sollte.

Viele kennen das noch aus ihren Kindertagen: Drei Wochen Hausarrest, zwei Wochen keine Süßigkeiten, kein Besuch bei Opa, eine Tracht Prügel, Kindergeburtstag gestrichen, zweistündige Moralpredigt und so weiter. Das sind alles Strafen. Aber mal ehrlich: Hat uns das dazu gebracht, über unser Verhalten nachzudenken und zu verstehen, was wirklich das Problem war? Mich nicht. Ich wusste irgendwann schlicht, welche »Strafe« es für welche »Verstöße« gab und habe den Kosten-Nutzen-Faktor abgewogen, sollte ich erwischt werden. Als Kind bin ich einfach nur cleverer darin geworden, solche Strafen zu umgehen. An meinem Verhalten habe ich nicht wirklich etwas geändert. Ich habe ja auch den Zusammenhang selten verstanden.

Warum möchten Eltern überhaupt konsequent sein und irgendwelche Strafen verhängen? Wir wollen unsere Kinder vor Schlimmerem bewahren. Wir meinen, den Überblick über das Leben zu haben und vermeintlich zu wissen, was als nächstes passiert. Ungefähr so: Mein Kind sitzt andauernd am Handy, statt zu lernen, und schreibt deswegen eine schlechte Note. Da geht im Kopf von Eltern folgendes ab: »Wenn meine Tochter nicht aufhört, am Handy zu sitzen, wird sie für keine Arbeit mehr lernen, sie wird nur noch schlechte Noten bekommen, dann wird sie sitzen bleiben und ihre Freunde verlieren, dann wird sie gar keine Lust mehr auf Schule haben und keinen ordentlichen Abschluss machen, ohne Abschluss wird sie keine Ausbildung finden und entweder mir auf der Tasche liegen oder von Hartz IV leben müssen. Das geht gar nicht!« Der Schuldige ist schnell entlarvt: das Handy. Also muss es weg. Wenn das Handy weg ist, wird es diese negative Spirale nicht geben. Wir alle sind Spezialisten in negativen Gedankenspiralen. Vielleicht ist die innere Kommunikationslinie bei dir etwas anders. Aber so oder so ähnlich läuft es bei vielen Eltern ab. Wir wollen unsere Kinder schützen, sie vor dem späteren Übel bewahren. Das Übel, welches unsere Kinder noch nicht sehen. Lernen sie durch Medienverbote diesen Zusammenhang und verändern ihr Verhalten? Meistens nicht.

Wir wissen auch, dass unser Verhalten unsere Umwelt zerstört und der Klimawandel von uns produziert wird. Fahren wir deswegen weniger Auto, machen heimatnahen Urlaub, achten auf Verpackungsmüll? Für gewöhnlich nicht, oder? Die Konsequenz ist nicht nahe genug, nicht sofort fühlbar. Wenn es uns schon so geht, wie soll dann dein Kind das anders können? Es sieht und versteht den Zusammenhang zwischen dem Umgang mit seinem Handy und der späteren Ausbildung nicht. So wie in diesem Beispiel sind viele Zusammenhänge für Kinder nicht ersichtlich, da sie es nicht selbst spüren können. Wir wissen: Wer seine Zähne nicht putzt, bekommt Karies, muss zum Zahnarzt und bekommt wahrscheinlicher später dritte Zähne. Aber für Kinder ist dieser Zusammenhang genauso schwer fassbar und umsetzbar wie für uns die Nummer mit dem Klimawandel. Wissen allein reicht eben nicht, es geht darum, Zusammenhänge zu verstehen und zu fühlen. Wir wollen unsere Kinder vor dem nächstmöglichen Übel schützen.

Eine an sich sehr noble Motivation. Aber mal ehrlich, wie geht es uns, wenn wir in solch einer negativen Gedankenspirale hängen? Nicht so gut. Wir sind selbst hochemotional. Vielleicht kommt noch die Enttäuschung hinzu. Von unserem Kind hätten wir ja nicht gedacht, dass so etwas passiert. Oder wir sind sauer, weil es jeden Tag das gleiche Theater um Hausaufgaben, Zähne putzen und ins Bett gehen gibt. Oder es geht dir wie mir an diesem Abend: Du bist angespannt, weil du wegen ganz anderer Dinge angestrengt, müde oder in anderen Gedanken bist. Also verhängen wir aus diesem hochemotionalen Zustand heraus Strafen, die oft nichts mit der Sache zu tun haben. Oder hast du dein Kind mal gefragt, warum es nicht gelernt hat, nicht Zähne geputzt hat oder die Hausaufgaben nicht machen will? Vielleicht gibt es einen bestimmten Grund dafür. Und wenn es einen Grund gibt oder das Kind den Zusammenhang nicht versteht, dann wird es eher wütend als einsichtig. Jetzt mal ehrlich: Wird dein Kind sein vermeintliches Fehlverhalten einstellen, wenn es einfach nur wütend ist und sich ungerecht behandelt fühlt? Wohl kaum. Aber das veränderte Verhalten ist das, was wir mit unserer Konsequenz ja eigentlich bewirken wollten, oder?

Und manchmal sind wir inkonsequent, weil wir unsere Kinder vor unseren Konsequenzen schützen wollen. Sie tun uns dann auf einmal leid und wir werden weich. Bist du schon mal mit der ganzen Familie Eis essen gegangen und ein Kind hat nur ein Mineralwasser bekommen, weil dies die zuvor besprochene Konsequenz für nicht erfolgtes Zähneputzen am Morgen war? Da sitzt dann dein Kind mit traurigen Augen und muss zugucken. In diesem Moment fühlen wir oftmals unseren eigenen Schmerz und können ihn nicht aushalten. Und schon ist zumindest »eine Kugel ohne alles« bestellt. Aber was soll dein Kind dann lernen? Oder wir sind nicht einverstanden mit der Konsequenz, die der Partner ausgesprochen hat. Dann müssen wir unser Kind schützen vor der Entscheidung des anderen Elternteils. Prima, dein Kind wird schnell lernen – es wird lernen, wen es für was fragen, wem es was erzählen muss und wie es gucken muss, um dich auszutricksen. Aber am ursprünglichen Verhalten wird es wenig ändern. Warum auch? Es hat dich im Griff und steuert dich indirekt.

Also, bist du bereit, die Konsequenzen wirklich durchzuziehen? Süßigkeitenverbot auch in der Adventszeit und in dem Wissen, dass der Adventskalender an dem Tag nicht geöffnet werden darf? Die Verabredung mit der Freundin absagen in dem Wissen, dass dann auch du deine geplante frei verfügbare Zeit opfern musst? Das Spielzeug wegnehmen mit der Gefahr, dass dein Kind schreit wie am Spieß und alle anderen Mütter dich angucken, als würdest du dein Kind misshandeln?

Nicht jedes Kind benötigt die gleiche Art von Konsequenzen. Kinder erleben Strafen als den Hinweis: »Ich bin falsch.« Oftmals sind Schuldgefühle und das Gefühl, nicht geliebt zu werden, die innere Folge. Das ruft beim Kind wiederum eher Rache- und Vergeltungsfantasien auf den Plan. Heißt im Klartext: Das unerwünschte Verhalten wird nicht weniger. Oder aber dein Kind wird anfangen, sich zu verbiegen. Damit hast du genau das Gegenteil von dem erreicht, was du eigentlich wolltest. Ich habe zwei sehr unterschiedliche Söhne. Ihre Wesen sind wie Feuer und Wasser. Der eine braucht sehr klare, manchmal auch drastische Konsequenzen, um sein Verhalten verstehen zu können. Bei dem anderen setze ich so gut wie gar keine Konsequenzen ein. Ihm konnte ich schon immer die Dinge kurz, knapp und altersentsprechend erklären. Die einen Kinder müssen auf die heiße Herdplatte fassen, um zu spüren, dass sie heiß ist. Die anderen Kinder benötigen nur die Information darüber.

Weißt du, wie dein Kind tickt? Konsequent sein im guten Sinne erfordert Arbeit. Bist du bereit dazu? Das Ziel von sinnvollen Konsequenzen ist, dass dein Kind versteht, wie sein Verhalten mit der Konsequenz zusammenhängt, dass es lernt, Folgen abzuschätzen und bereit ist, sein eigenes Verhalten anzupassen. Diese Art von Konsequenzen bereiten Kinder auf ihr Leben vor und lassen sie zu lebenstüchtigen Erwachsenen heranreifen. Sinnvolle Grenzen geben deinem Kind die notwendige Sicherheit, die es für gute Lernerfahrungen, aber auch für die Entwicklung von Potenzialen benötigt. Die wichtigste Grundlage für sinnvolle Konsequenzen ist, dass du dein Kind gut kennst, ihm Vertrauen, Achtung und Liebe entgegenbringst. Denn egal, was dein Kind angestellt hat: Es sollte immer von dir hören: »Ich hab' dich von Herzen lieb. Nur dein Verhalten, das finde ich gerade echt zum Kotzen.«

Was beinhalten sinnvolle Konsequenzen?

1. Mute deinem Kind nicht deine negative Gedankenspirale von einem katastrophalen Ende zu. Wähle eine logische, unmittelbare Konsequenz, die dein Kind versteht. Und manchmal reicht es auch aus, die natürliche Konsequenz

einfach kurz zu benennen: »Du hast eine Sechs in der Klassenarbeit kassiert, weil du nicht gelernt hast.« Da gab es ja schon die Konsequenz.

2. Erkläre den Zusammenhang – natürlich immer altersentsprechend auf dem Niveau, welches dein Kind versteht. Die Konsequenz muss für dein Kind nachvollziehbar sein.

3. Finde eine angemessene Konsequenz mit einem zeitlich sinnvollen Rahmen. Unangemessen wäre das besagte dreiwöchige Handyverbot oder eine Woche lang keine Süßigkeiten. Im besten Fall findet eine Konsequenz als logische Folge des Handelns sofort statt. Dann ist es vor allem für kleinere Kinder am verständlichsten.

4. Lege Konsequenzen vorher fest. Das gibt deinem Kind Sicherheit und es kann sich zwischen zwei Alternativen entscheiden. »Wenn du das Spielzeug noch einmal wirfst, nehme ich es dir weg. Du kannst damit andere verletzen.«

5. Ziehe die Konsequenzen durch. Sage nichts, was du nicht einhalten kannst oder willst.

6. Sprich Konsequenzen mit deinem Partner ab. Manchmal braucht es vielleicht einen kreativen Kompromiss. Denke immer daran: Es geht nicht um dich oder darum, dass du recht hast. Es geht darum, dass du dein Kind auf das Leben vorbereitest. Klare gelebte Einigkeit von Eltern hilft Kindern enorm.

7. Werde kreativ. Dein Job ist es, die langfristige Konsequenz, die dir bewusst ist, auf eine kurzfristige, die dein Kind versteht, herunterzubrechen. Da ist Kreativität gefragt.

8. Frage dein Kind nach dem Grund und urteile nicht vor-

schnell. Vielleicht ist die Zahnpasta zu scharf und deswegen macht dein Kind beim Zähneputzen Theater. Vielleicht gab es gerade Schwierigkeiten in der WhatsApp-Klassengruppe und dein Kind hatte Angst, ausgegrenzt zu werden, wenn es nicht mitdiskutiert und stattdessen lernt. Du kannst nur die richtige Konsequenz finden, wenn du weißt, was das wirkliche Problem ist.

9. Beruhige dein Gemüt. Aus Wut oder Erregung heraus wird es schwer, die richtige Konsequenz zu finden. Wenn du es mal nicht geschafft hast, kannst du auch mal zurückrudern und dich entschuldigen.
10. Trenne Verhalten von Sein. Dein Kind braucht deine liebevolle Bestätigung, auch oder gerade dann, wenn es Mist gebaut hat. Der Satz: »Dein Verhalten war jetzt echt unterirdisch, aber dich habe ich von Herzen lieb« ist Balsam für jede Kinderseele und motiviert zur Veränderung.
11. Lass Gnade vor Recht ergehen. Schließlich willst du dein Kind nicht zu einem funktionierenden Roboter erziehen, oder?

Vor Kurzem habe ich meinen Sohn mal wieder beim Zocken erwischt. Ich habe selbst viel gelernt in der letzten Zeit und lerne immer dazu. Und mein Sohn auch. Ich bin in sein Zimmer gegangen und wollte ihm nur noch einen Kuss auf die Stirn drücken. Da war sie wieder, diese angespannte Körperhaltung mit der Ausstrahlung »Mama, siehst du nicht, ich schlafe«. Ich habe ganz locker reagiert: »Na, hat das iPad dich zu doll angelächelt?« und ihn angezwinkert. Er hat die Augen aufgemacht und das Gerät unter dem Kissen hervorgezogen.

»Bist du jetzt böse, Mama?« Ich lächelte ihn an: »Nein, ich weiß doch, wie spannend das manchmal ist. Aber das iPad wohnt dann jetzt abends auf deinem Schreibtisch, außerhalb deiner Reichweite.« Erleichtert fragte er: »Muss ich dann morgen wieder früher ins Bett?« Ich habe kurz nachgedacht und dann ruhig geantwortet: »Nein. Es ist alles gut. Ich freue mich, dass du nicht gelogen oder Theater gemacht hast.« Strahlend antwortete er: »Danke, Mama.« Ich drückte ihm meinen Kuss auf die Stirn mit dem guten Gefühl, dass er an der »positiven Konsequenz« gemerkt hat, was mir am Wichtigsten ist: nicht lügen!

Special:
Was Bestrafung beim Kind auslöst

»Die Strafe ist eine Sanktion gegenüber einem bestimmten Verhalten, das im Regelfall vom Erzieher, Staat oder Vorgesetzten als Unrecht bzw. als (in der konkreten Situation) unangemessen qualifiziert wird.«[18] Da fängt das Dilemma schon an: Etwas wird als unangemessen qualifiziert. Wer qualifiziert das denn? In der Erziehung – wir Erwachsenen; Eltern, Lehrer, Erzieher und Pädagogen. Wir entscheiden, was unangemessen ist. Das ist aber für jeden etwas anderes. Wenn wir jetzt davon ausgehen, dass Strafen eingesetzt werden, damit sich eine Verhaltensänderung ergibt, dann wäre hier schon der Kritikpunkt. Denn unser Gehirn lernt aus Wiederholung. Wenn nun aber bei jedem etwas anderes bestraft wird, wie soll ein Kind sich da zurechtfinden? In dem Kapitel über logische Konsequenzen habe ich bereits den Unterschied zwischen Konsequenzen und Strafen dargelegt. Da ich in Elterngesprächen jedoch feststelle, dass dieser Unterschied für Eltern oft schwer zu greifen ist und im Gegenzug die Kinder sehr unter der Bestrafung leiden, möchte ich hier noch einmal näher drauf eingehen, warum Strafen nicht gut sind.

Der Kern der Bestrafung liegt in unseren Werten und Vorstellungen. Wir leben in einer Gesellschaft, in der alles schwarz oder weiß, richtig oder falsch ist. Auch unsere Kinder sortieren wir unbewusst in diese Schubladen. Vielleicht nicht das Kind an sich, aber sein Verhalten. Des Weiteren zeigt uns unsere Gesellschaft, dass unangemessenes Verhalten bestraft werden muss. Fährst du zu schnell, musst du Strafe zahlen, bezahlst du etwas nicht fristgerecht, muss du Strafe zahlen, hinterziehst du Steuern, musst du Strafe zahlen, begehst du eine Gewalttat, musst du ins Gefängnis und so weiter. Eigentlich kennen wir auch nur zwei Haupt-Strafmechanismen: Strafe zahlen und Gefängnis. Eine dritte ist Ausgrenzung: Wenn du nicht nach den Regeln spielst (warum auch immer), wirst du rausgeworfen, egal ob beim Job oder in der Mannschaft beim Sport. Strafe ist also eine tief verankerte Denkweise in unserer Gesellschaft. Und irgendwie übernehmen wir dieses Denkmuster in Bezug auf unsere Kindererziehung. Wenn ich mit Eltern spreche, gibt es dort auch nur sehr einseitige Strafen: Medienverbot, Süßigkeitenverbot und »Auszeit«.

Was wäre denn, wenn Kinder gar nichts falsch machen? Wenn sie einfach nur in der Entwicklung sind, sich entdecken und das Leben entdecken? Was wäre, wenn sie lediglich Anleitung, Sicherheit und Rückendeckung, Anreize, Verlässlichkeit und Freiraum zur Entfaltung brauchen? Und was wäre, wenn sie alles, was sie tun, tun müssen, um die Erfahrung zu machen, die sie brauchen, um sich entwickeln zu können? Dann wäre Bestrafung überflüssig. Wir würden unsere Energie in das Geben von Anleitung, Unterstützung, Wertschätzung und Verlässlichkeit stecken. Erwünschtes Verhalten lässt sich auf vielerlei Weise hervorbringen. Strafe allerdings führt meistens nicht zu einer Einsicht und Veränderung. Es führt lediglich zu dem Wunsch, die Strafe zu vermeiden oder zu umgehen.

Special

Wie heute bestraft wird und warum das falsch ist
Zum Glück haben wir von der körperlichen Züchtigung mittlerweile Abstand genommen. Inzwischen wird derjenige bestraft, der sein Kind schlägt, vorausgesetzt, es bekommt jemand mit. So gesehen sind wir ein großes Stück weiter. Aber eigentlich hat sich die Art der Bestrafung nur in eine Richtung verändert, die noch schädlicher für Kinder, gleichzeitig aber auch viel schwieriger nachzuweisen ist. Körperliche Züchtigung macht blaue Flecken. Aber die Strafen, die wir aussprechen, verletzen die Seele von Kindern. Das ist nicht so schnell ersichtlich, nicht so klar nachweisbar. Das macht es umso schwieriger.

Kinder entwickeln Störungen, weil wir sie in ihrer Entwicklung stören – unter anderem durch unser Strafsystem.

Betrachte Strafen einmal unter der Berücksichtigung unserer psychischen Grundbedürfnisse. Wenn ich meinem Kind das Handy für drei Wochen wegnehme, dann verletze ich damit das Bedürfnis nach Bindung und Kontrolle. Dein Kind kann sich nicht im sozialen Netzwerk aufhalten und mit der Peergroup in Kontakt bleiben. Ein dreiwöchiges Handyverbot gleicht reiner Willkür, es ist das Gegenteil von Kontrolle und Orientierung. Und von Lustgewinn und Selbstwerterhöhung haben wir dabei noch nicht gesprochen. Bei der »Auszeit« in Form von »stiller Treppe« oder einer Stunde auf dem Zimmer sein verletzt du das Grundbedürfnis nach Bindung sogar noch sträflicher, weil es um dich als Hauptbezugsperson geht. Verstehe mich nicht falsch. Ich schicke meinen Sohn auch schon mal auf sein Zimmer – zum Abreagieren, weil wir uns dann zusammen nicht guttun. Wir nehmen voneinander eine kleine Auszeit, um runterzufahren. Aber 30 Minuten auf der »stillen

Treppe« kann ich nicht als hilfreich ansehen. Für mich fühlt sich das wie ein Machtkampf an. Neulich berichtete mir eine Mutter, dass eine pädagogische Fachkraft ihr folgende Empfehlung gegeben habe:

»Setzen Sie ihren Sohn eine Stunde mit nichts außer seinen Schulsachen an einen sonst leeren Tisch in einer reizarmen Umgebung. Er darf nichts tun außer Schulsachen. Er darf, muss aber nicht. Sie werden sehen, er wird sich langweilen und dann voller Freude Schulaufgaben machen, weil Kinder nichts mehr hassen als Langeweile.«

Die Eltern haben es sogar ausprobiert. Der erhoffte Effekt blieb aus. Ja, es stimmt, Kinder mögen keine Langeweile, sie wollen Lustgewinn. Aber Kinder sind auch sehr kreativ darin, etwas zu finden, das mehr Spaß machen kann als Schulaufgaben – auch wenn scheinbar nichts da ist. Außerdem werden andere Bedürfnisse wie Selbstwerterhöhung, Bindung und Orientierung bei dieser Maßnahme mit Füßen getreten. Ich gehe nicht davon aus, dass Kinder so Spaß am Lernen bekommen.

Dann gibt es noch die Strafen, die wir als Konsequenzen tarnen: »Wenn du in die Pfütze springst, bekommst du kein Eis.« Wir nennen es Konsequenz, aber es ist eine Strafe. Das eine hat mit dem anderen nichts zu tun. Wir haben uns schlicht als Konsequenz eine Strafe ausgedacht. Aber es bleibt eine Strafe. Du könnest sagen: »Wenn du in die Pfütze springst, müssen wir nach Hause, weil du dann nasse Füße hast und ich nicht möchte, dass du krank wirst.« Dann wäre es eine Konsequenz. Überprüfe mal die Konsequenzen, die du aussprichst, darauf, ob es wirklich Konsequenzen sind oder doch getarnte Strafen.

Special

Mit der Zeit bin ich eine Meisterin der »Wenn …, dann«-Sätze geworden. Ich habe ein Kind, dem die Konsequenzen für sein Handeln nie bewusst waren. Es musste immer mit der Nase drauf gestoßen werden. Am Anfang war es auch für mich schwer, zwischen Strafen und Konsequenzen zu unterscheiden. Es bedarf einiger Übung und eines ständigen Hinterfragens der eigenen Aussagen und Handlungen.

In der Schule wird auch immer noch bestraft. Ich habe damals noch einen Stock auf meinen Fingern zu spüren bekommen. Das gibt es zum Glück heute nicht mehr, aber manchmal denke ich, das, was es jetzt gibt, ist noch viel schlimmer. Kinder müssen ellenlange Texte abschreiben. Die Hausordnung oder Texte, die anfangen mit: »Ich habe mich danebenbenommen und meine Mitschüler davon abgehalten, zu lernen …« Das Ganze dann eine komplette, gedruckte DIN-A4-Seite lang. Was erhoffen sich Schulen, was Kinder dadurch lernen? Dass sie unerwünschtes Verhalten lassen, weil in dem Text das erwünschte Verhalten aufgeschrieben steht? So funktioniert Lernen aber nicht. Wir lernen aus Erfahrung – und damit ist nicht die Erfahrung gemeint, einen Text abzuschreiben. Dann gibt es noch »Trainingsräume«, in denen Kinder isoliert werden. Bei meinem Sohn hat das dazu geführt, dass er lange so viel Krach gemacht hat, bis klar war, dass diese Methode nichts bringt. Schlaues Kerlchen. Diese Art der Strafen hat weder etwas mit unseren Grundbedürfnissen zu tun noch mit der Art und Weise, wie Menschen lernen. Es ist mehr eine Demonstration von Macht.

Was löst Bestrafung bei Kindern aus?

Ich höre so oft Eltern sagen: »Aber sonst wirkt nichts. Nur wenn ich das Handy wegnehme, scheine ich eine Reaktion zu bekommen.«

Ich möchte mit einer Gegenfrage antworten: »Wieso musst du sofort eine Reaktion sehen? Damit du eine Rückmeldung hast, dass du auf dem richtigen Weg bist? Warum muss es deinem Kind wehtun?« Natürlich kann man den Weg über Lernen durch Schmerzen wählen, denn genau das tust du, wenn du dein Kind bestrafst. Ist dir das bewusst? Hast du darüber schon mal nachgedacht? Dein Kind mag eine Reaktion zeigen und womöglich sauer auf dich sein, weil es dies ungerecht findet. Du weißt aber nicht, was in dem Moment genau in ihm vorgeht.

In erster Linie ist eine solche Bestrafung ein Vertrauensbruch. Du gibst deinem Kind das Signal: »Ich vertraue dir nicht und ich traue dir auch nicht zu, dass du etwas lernst oder einen guten Weg wählst.« Da haben wir wieder das Dilemma, dass wir meinen, nur unser Weg sei der »richtige«, nur unsere Erkenntnis die »richtige«. Und wenn unser Kind nicht zu der gleichen Erkenntnis kommt, ist es falsch. Dabei berücksichtigst du jedoch nicht die Einzigartigkeit deines Kindes.

Bei Kindern löst Bestrafung das Gefühl aus, nicht richtig zu sein. Bestraft wird unerwünschtes Verhalten. Aber vielleicht hat dieses Verhalten ja einen Grund. Wir Erwachsene sind selbst oft nicht in der Lage, zu sagen, wo der Schuh gerade drückt. Stell dir vor, du hattest Stress auf der Arbeit oder Streit mit einer Freundin und bist schräg drauf. Im Zuge dessen bist du vielleicht etwas schneller aufgebracht, wirst schneller wütend und schnauzt dein Kind für eine Lappalie an. Kannst du dann sagen: »Entschuldige, du warst gar nicht gemeint. Ich bin wegen etwas ganz anderem schlecht drauf«?

Jetzt stell dir folgende Situation vor: Dein Kind kommt aus der Schule. Es wurde vielleicht geärgert, hat etwas nicht verstanden, fühlt sich ungerecht behandelt. Es ist also schlecht drauf. Es kommt rein und schleudert den Tornister in die Ecke. Du sagst ihm, dass es so nicht mit den Sachen umgehen soll. Schon ist es auf 180 und fängt laut an zu schimpfen: »Mir doch egal. Kannst den Scheiß ja selber richtig hinstellen, wenn es dir nicht passt!« Du findest das nicht angemessen und schimpfst mit ihm, weil es motzig ist. Das eine Wort gibt das andere und am Ende muss dein Kind wegen seines »Wutausbruchs« in seinem Zimmer sitzen und hat Fernsehverbot für den Tag. Dann hast du nicht verstanden, dass dein Kind ein ganz anderes Problem hatte. Es wollte dir etwas sagen. Es wollte sagen: »Mir geht es nicht gut. Ich bin angestrengt. In der Schule ist etwas nicht so gut gelaufen.« Und du hast nicht einmal danach gefragt, ob es einen Grund für sein Verhalten gab. Bei deinem Kind kommt die Botschaft an: »Es interessiert keinen, wie ich mich fühle. Es ist egal, wenn ich Stress habe.« In solchen Situationen fühlen sich Kinder ungeliebt und nicht verstanden. Es kann sein, dass daraus ein Groll entsteht und ein »Jetzt-erst-recht«-Gedanke. Dann wird es schnell wieder eskalieren. Dein Kind möchte dir dann sozusagen einen gerechtfertigten Grund geben für deine »Strafe«. Es kann aber auch sein, dass dein Kind sich zurückzieht und nur noch selten etwas erzählt. So oder so kommt ein Gefühl von »ich werde nicht geliebt« auf – obwohl das ja genau das Gegenteil von dem ist, was wir Erwachsenen erreichen wollen.

Vor ein paar Jahren habe ich mal bei meinen Eltern darüber gesprochen, wie ich meine Kindheit erlebt habe. Ich habe gesagt, dass ich mich oft nicht gesehen und schon gar nicht verstanden gefühlt habe. Daraufhin kamen erstaunte Blicke und Aussagen wie: »Du warst doch immer fröhlich und hast keinen Mist gebaut. Das hätten wir nie vermutet.« Da ich mich nicht verstanden gefühlt habe durch die konsequenten Strafen im Elternhaus, ohne dass sie nach dem Grund für mein Verhalten gefragt hatten, hatte ich mich damals unbewusst dazu entschieden, einfach nicht mehr aufzufallen. Und natürlich habe ich damals auch nicht gesagt, wie ich mich fühle, da ich mich sowieso nicht verstanden fühlte.

In meiner Praxis sehe ich noch weitere drastische Auswirkungen auf Kinder durch Strafen. Es entsteht ein tiefes Gefühl von Wertlosigkeit. Diese Kinder speichern in sich ab, dass es einen Grund für die Strafen geben muss und dass der ja nur in ihnen selbst begründet sein kann. Sie denken so etwas wie: »Ich muss wirklich böse und schlecht sein und habe solche Strafen verdient.« Es ist zunächst nichts, was sie von sich aus plakativ benennen könnten, zumindest nicht, solange sie noch klein sind. Im Teenager-Alter hat es sich dann jedoch so manifestiert, dass sie es klar benennen. Diese Jugendlichen geben sich dann an allem die Schuld. An jedem Streit unter Freunden, an der schlechten Laune der Mutter, an den Eskapaden des Freundes. In ihren Augen haben sie auch nichts Gutes verdient. Es ist ein hartes Stück Arbeit für mich und vor allem für die Jugendlichen, diese Gedanken wieder loszuwerden.

Kinder, die bestraft werden, verlieren zuerst das Vertrauen in die Erwachsenen und dann das Vertrauen in sich selbst. Die Folge ist, dass sie sich ungeliebt und wertlos fühlen.

Special

Was aus Kinderaugen alles als Bestrafung gilt

Mein Sohn kommt zerknirscht nach Hause. Den Blick gesenkt, setzt er sich direkt in die Ecke. Ich frage ihn, was los ist. Er will nicht raus mit der Sprache. Ich bohre, frage weiter. Dann sagt er: »Ich kann das nicht sagen. Ich bekomm' dann voll Ärger von dir.« Oh, jetzt bin ich neugierig. »Was denn für Ärger?«, frage ich nach. Er weiß keine Antwort. Druckst herum und sagt »Na ja, Ärger halt.« Doch schließlich rückt er raus mit der Sprache. Und wenn ich ehrlich bin, weiß ich heute noch nicht mal mehr, was es war. Irgendeine Lappalie. Wir klären das. Und er hört von mir ein »Dumm gelaufen«. Mehr nicht. Keinen Ärger. Aber irgendeine Reaktion meinerseits auf ein ähnliches Verhalten von ihm hatte er irgendwann mal als fürchterlichen Ärger abgespeichert.

An solchen Sätzen merke ich, dass mein Sohn sehr viel mehr als Bestrafung ansieht, als ich es tue. Er sagt öfter so was wie: »Klar, und ich bin wieder mal an allem schuld. Immer bin ich schuld!« Und ich höre das auch von anderen Eltern in Gesprächen. Aus Kinderaugen ist so viel mehr eine Bestrafung, als wir denken. Wir senden Signale, immer. Wir können nicht nicht kommunizieren. Wir rollen mit den Augen bei einer »dummen« Bemerkung. Tun wir dies öfter, ist es eine Abwertung und somit eine Strafe. Man kann auch mit Blicken strafen. Jede ungerechte Behandlung, jedes Unverständnis, jedes Nicht-Nachfragen kann zur Bestrafung werden. Dies tut es zum einen, wenn es wiederholt auftritt. Der eine böse Blick macht den Kohl noch nicht fett. Aber ein immer wieder verächtlich abwertender Blick ist sehr wohl eine Bestrafung. Zum anderen wird es zur Bestrafung, wenn wir die Grundbedürfnisse unserer Kinder nicht beachten.

Ich selbst habe es als Strafe angesehen, die Danksagungen an meine Großeltern für Geburtstags- und Weihnachtsgeschenke so lange schreiben zu müssen, bis sie zu 100 Prozent fehlerfrei waren. Das hat manchmal Stunden gedauert.

Vielleicht denkst du an dieser Stelle mal bewusst an deine eigene Kindheit und spürst noch mal in dich hinein, was du alles als Strafe empfunden hast. Heut sagst du dazu: »Ja, aber meine Eltern haben das gemacht, weil ...« Du rechtfertigst es. Du verstehst die Beweggründe und hast deinen Eltern vergeben. Das ist super. Aber damals hast du es als Strafe empfunden und es hat Spuren auf deiner Seele hinterlassen. Die Glaubenssätze, die uns als Erwachsene daran hindern, ein Leben in Fülle zu leben, haben wir in unserer Kindheit entwickelt. Meistens an den Stellen, an denen wir bestraft wurden. Vielleicht wurdest du bestraft, wenn du zu laut warst und freudvoll gespielt hast. Dann wirst du dich heute anpassen und einen Satz in dir tragen wie »Ich darf keinen Spaß haben, weil ich nicht auffallen oder aus der Reihe tanzen darf«.

Achte auf deine Worte, sie werden die Glaubenssätze deiner Kinder

Wir haben es selbst in der Hand, mit welchen Glaubenssätzen unsere Kinder in ihrem Erwachsenenalter zu kämpfen haben werden – oder ob sie sich beschenken lassen können mit einem freudvollen Leben. Strafe engt ein, beschneidet, raubt die Persönlichkeit, Freude und Leidenschaft im Leben.

Routinen und Rituale

»Jonas, Abendroutine!«, ruft die Mutter. Jonas weiß genau, was jetzt kommt. Egal, was er jetzt macht, es ist Zeit, damit aufzuhören. Dann gibt es einen klaren Ablauf. Umziehen, Zähneputzen, Gute-Nacht-Geschichte, Gute-Nacht-Kuss, Schlafen. Es ist jeden Abend das Gleiche. Damit fühlt Jonas sich sicher. »Allein das Einführen dieser Routine hat unser Familienleben so viel leichter gemacht«, berichtet die Mutter im Elterngespräch.

Routinen und Rituale sind für Kinder so wichtig. Sie geben Sicherheit und Orientierung. Kinder brauchen solch eine Art von Verlässlichkeit. Früher waren diese Routinen klar, von außen vorgegeben. Sie richteten sich danach, wann Kühe gemolken, Hühner gefüttert, Heu eingefahren werden musste. Der ganze Alltag der Kinder richtete sich nach dem Alltag der Eltern. Heute ist es genau umgekehrt. Wir versuchen, unseren gesamten Alltag auf unsere Kinder auszurichten, weil wir denken, dass wir ihnen damit dienlich sind. Und dann wundern wir uns, warum sie nicht anpassungsfähig sind. Und noch etwas weiter gedacht fragen wir uns, warum es so viele egoistische Menschen in unserer Gesellschaft gibt, die meinen, dass sich die Welt um sie dreht. Sie haben es leider nicht anders gelernt. Wir haben uns die ganze Zeit um unsere Kinder gedreht.

Routine bedeutet Vorhersehbarkeit. Vorhersehbarkeit gibt Orientierung und somit das Gefühl von Kontrolle. Mit Routinen und Ritualen können wir dieses Grundbedürfnis ganz leicht zufriedenstellen. Dadurch wird das Familienleben an vielen Stellen einfacher. Warum? Es muss nicht mehr diskutiert werden. Es muss nicht diskutiert werden, ob die Zähne geputzt werden, bevor die Gute-Nacht-Geschichte vorgelesen wird. Man macht das Zähneputzen zu einer Routine – so, wie es das für uns schon lange ist. Jetzt stell dir vor, du hast in deiner Familie eine Vielzahl solcher hilfreichen Routinen: Um 18:00 Uhr gibt es Abendbrot. Vor dem Essen werden die Hände gewaschen. Die Jacke wird aufgehängt, wenn man nach Hause kommt. Es werden erst die Hausaufgaben gemacht, bevor die Spielzeit beginnt. Wichtig ist: Es geht hier nicht um Gesetze. Gesetze erzeugen Stress. Es geht um Normalität in den Abfolgen. Und um Klarheit. Es konnte früher auch nicht darüber diskutiert werden, ob die Kühe erst um 12:00 Uhr statt um 6:00 Uhr gemolken werden.

Besonders für kleine Kinder sind diese Routinen unersetzlich. Sie zeigen auf einfache Weise, wie das Leben funktioniert. Hierbei ist es wichtig, auch auf die Qualität der Routine zu achten. Wir speichern damit schließlich etwas in dem Unterbewusstsein unserer Kinder ab. Es ist dann sozusagen automatisiert. Bei uns zu Hause gab es die Routine des gemeinsamen Abendessens zu einer festen Uhrzeit. Ich habe diese Routine übernommen und bis vor Kurzem mit meinen Kindern genauso gelebt. Der Griff zum Handy kann aber genauso eine Routine sein. Deswegen wäre es sinnvoll, die Handys zum Beispiel beim Essen außer Reichweite zu lassen. Leider eine Routine, die ich versäumt habe, einzuführen. Jetzt muss ich deswegen schon mal diskutieren.

Größere Kinder ab der Pubertät brauchen diese Routinen nicht mehr so zwingend. Ganz im Gegenteil. Das Gehirn befindet sich in dieser Zeit in der Umbauphase und wird sozusagen neu sortiert. Ein starres Bestehen auf Routinen würde diesen Prozess erschweren. Aber natürlich gibt es auch solche Routinen und Verhaltensweisen, die bis dahin bereits so automatisiert wurden, dass sie nicht mehr infrage gestellt werden, wie zum Beispiel das tägliche Zähneputzen.

Rituale haben noch eine andere Qualität. Hierbei handelt es sich um nach vorgegebenen bzw. festen Regeln ablaufende Handlungen. Für mich sind Rituale eher solche Handlungen, die nicht alltäglich sind. Wir haben zum Beispiel ein Geburtstagsritual. Das beinhaltet, dass wir zum Frühstück Kuchen essen – worauf sich immer alle ganz besonders freuen. Rituale gibt es vor allem auch zur Weihnachtszeit, früher allerdings mehr als heute. Zum einen geben sie Sicherheit, zum anderen aber auch noch etwas anderes: Sie fördern den Lustgewinn. Rituale sind für Kinder etwas Positives, etwas Schönes. Ein paar überdauern zum Glück noch, wie der Nikolausstiefel vor der Tür, das Ostereiersuchen oder das Tannenbaumschmücken. Kinder freuen sich teilweise das ganze Jahr über darauf. Auch hier steht die Vorhersehbarkeit im Vordergrund, gepaart mit der Freude an etwas Schönem. Ich freue mich jetzt schon auf Nikolaus.

In manchen Schulen haben Lehrer auch ein besonderes Ritual eingeführt. Das Ritual der unterschiedlichen Begrüßung. Dort sagt jedes einzelne Kind, wie es begrüßt werden möchte, ob mit einer Umarmung, einem High Five, einem Hüftwackeln oder nur einem Nicken. Hier wird der Unterschied von Ritual und Routine noch einmal deutlich. Obwohl diese Handlung jeden Morgen stattfindet, ist sie meiner Meinung nach ein Ritual. Es ist etwas Besonderes, etwas, das positive Gefühle erzeugt.

Wie etabliere ich Rituale und Routinen?

1. Überlege, was deinen Alltag mit deinen Kindern einfacher machen kann, was täglich erledigt wird oder erledigt werden muss.
2. Verknüpfe die Routine mit etwas Schönem. Kinder sollten merken, dass sie etwas davon haben (wie zum Beispiel mehr Qualitätszeit mit der Familie, wenn keiner auf das Handy guckt).
3. Führe die Routine mit einer Ankündigung ein und achte auf die Einhaltung. Eine Routine wird es nämlich erst durch die stete Wiederholung.
4. Achte darauf, dass deine Routine altersentsprechend ist (in der Pubertät eher weniger als mehr Routinen).
5. Überlege dir für bestimmte Anlässe wie Geburtstage oder Feiertage feste Rituale, also Abläufe, die den Kindern Freude bereiten.

Dadurch gibst du deinen Kindern Sicherheit und Stabilität und erfüllst ihr Bedürfnis nach Lustgewinn, Orientierung und Kontrolle.

Motivation

Ich sitze in der Praxis. Das Telefon klingelt und ich überlege, ob ich drangehen soll. Ich seufze und hebe ab. Es ist, wie schon gedacht, eine Therapieplatzanfrage. Also nehme ich alle Daten auf und frage nach dem Grund für die gewünschte Vorstellung. »Mein Sohn kommt in der Schule nicht klar. Er rastet öfter aus oder macht den Clown. Zu Hause dauern die Hausaufgaben drei Stunden, wovon 2,5 Stunden lang diskutiert wird. Ich kann nicht mehr«, sagt die Mutter. Ich erkläre das Prozedere und mache einen Termin für eine Sprechstunde aus. Darauf die Frage der Mutter: »Wie erkläre ich das meinem Sohn, damit er auch mitkommen will?«

Da steht sie dann im Raum, die Frage nach der Motivation. Wie motiviere ich mein Kind? Welche Anreize kann ich schaffen? Soll ich überhaupt Anreize schaffen?

Manchmal fühlt es sich vielleicht sogar wie Bestechung an: »Wenn du jetzt die Spülmaschine ausräumst, dann darfst du danach ein Eis essen.« »Wenn du mit zur Therapeutin gehst, gehen wir hinterher zu McDonalds.« So etwas meine ich nicht. Unsere Berufswelt ist voll von diesen vermeintlichen Anreizen. Da gibt es ein Grundgehalt und dann eine Provision obendrauf, als Anreiz. Das funktioniert meistens aber nicht. Es bleibt eher ein Grundgefühl von »Ich bin nicht gut genug, da das Grundgehalt so niedrig ist«. Der Gedanke dahinter besteht darin, intrinsische Motivation zu schaffen. Also Motivation, die von innen heraus kommt, aus eigenem Antrieb sozusagen. Aber weder das Eis noch die Provision schaffen es, diese Motivation herzustellen, zumindest nicht langfristig.

Aber seien wir doch mal ehrlich: Warum sollten Kinder aus eigener Motivation zum Beispiel für die Schule lernen? In der Schule, wie sie derzeit ist, werden alle Grundbedürfnisse sträflich vernachlässigt. Es wird lediglich Orientierung gegeben. Und dies in einem so hohen Maße, dass das Bedürfnis nach Kontrolle nicht mehr befriedigt werden kann. Das Kind kann nämlich nichts selbst kontrollieren, sondern wird kontrolliert. Anstelle von Anreizen schaffen wir in der Schule Reizüberflutung. Hast du dir schon mal einen Klassenraum der Grundschule angesehen? Da hängen so viele Bilder und Plakate, Regeln und Ordnungen, dass selbst ich nicht weiß, wo ich hinschauen soll. Warum sollte da Lernen mehr Spaß machen oder selbstständiger passieren? Warum sollte ein Kind aufhören, im Sandkasten zu spielen, obwohl es gerade so viel Spaß macht? Nur weil Mama keine Zeit mehr hat? Unter der Betrachtung der Grundbedürfnisse gibt es keinen Grund dazu.

Nun ist es auch nicht hilfreich, »eine Möhre vor die Nase zu halten«, nach dem Motto: »Wenn du jetzt aufhörst, im Sand zu spielen, und mitkommst, dann bekommst du ein Eis«. Das könnte man auch Manipulation oder Bestechung nennen. Du möchtest doch viel eher, dass dein Kind von sich aus eine gute Wahl trifft. Das müssen Kinder aber erst lernen. Und mit Anreizen gelingt es viel einfacher.

Doch was genau ist mit »Anreize schaffen« gemeint? Anreiz meint erst einmal ein positives Umfeld. Nicht die Anzahl der Bilder, Poster, Plakate etc. ist hier entscheidend. Es ist vielmehr eine positive Atmosphäre gemeint; eine Atmosphäre der Wertschätzung und Freundlichkeit. Ist dir schon mal aufgefallen, dass uns negative Konsequenzen leichter über die Lippen gehen? »Wenn du nicht sofort dein Zimmer aufräumst, dann bekommst du Fernsehverbot.« Das ist für uns völlig normal. Wenn wir aber sagen: »Wenn du dein Zimmer aufräumst, dann haben wir Zeit für ein gemeinsames Spiel«, empfinden wir dies als Bestechung. Du magst vielleicht denken: »Ich kann ja mein Kind nicht ständig belohnen, wenn es etwas tut, was eigentlich normal ist.« Ich frage dich: Warum denn nicht? Für dich ist es normal. Für dein Kind (noch) nicht. Was spricht dagegen, einen positiven Anreiz zu setzen, damit es auch für das Kind normal werden kann?

Wir alle folgen dem Bedürfnis des Lustgewinns und der Unlustvermeidung, der Selbstwerterhöhung und des Selbstwertschutzes. Aus diesem Blickwinkel zeigen wir unseren Kindern Möglichkeiten auf. Kinder verstehen noch nicht das Große und Ganze; das tun wir Erwachsenen ja noch nicht einmal. Wir haben aber mit der Zeit etwas mehr Überblick gewonnen. Anreize schaffen meint in diesem Sinn zwei Wahlmöglichkeiten aufzustellen. Beide Wahlmöglichkeiten sind die Konsequenz aus dem Handeln des Kindes, die eine ist dabei deutlich positiver als die andere. Nehmen wir das Beispiel mit dem Spielen im Sand: Du möchtest gehen, dein Kind nicht. Zeige ihm zwei Wahlmöglichkeiten auf, aus denen es wählen kann. Die eine Möglichkeit beinhaltet den positiven Anreiz. Du könntest so etwas sagen wie: »Liebes, es ist Zeit zu gehen. Ich weiß, du magst weiterspielen. Wenn wir jetzt ohne Theater gehen, dann kommen wir rechtzeitig zum Sandmann nach Hause. Wenn du jetzt länger brauchst, dann ist heute keine Zeit mehr zum Fernsehen.« Du gibst die Wahl. Bei der einen Möglichkeit gibt es einen Anreiz, etwas Positives. Bei der anderen Wahl die logische Konsequenz. Dadurch lernt dein Kind zu wählen, sich für etwas zu entscheiden. Es darf wählen, was es lieber möchte, weil du die Möglichkeiten aufgezeigt hast.

Der Mutter am Telefon habe ich Folgendes gesagt: »Findet Ihr Sohn das mit den Hausaufgaben auch so doof wie Sie? Dann sagen Sie einfach, da ist jemand, der sich mit dem Ärger um Hausaufgaben gut auskennt. Der will uns beiden helfen, dass wir das zusammen besser hinbekommen.«

Bei solch einem Satz schafft die Mutter erst einmal eine positive Atmosphäre, indem sie das Problem auch sich zuschreibt und sagt, dass sie auch Hilfe braucht. Nicht der Sohn ist der Querulant, der zur Therapie muss. Zusätzlich wird etwas Positives in Aussicht gestellt: Der Streit um die Hausaufgaben könnte aufhören.

Wir sitzen vor dem Fernseher. Vor dem Spielfilm kommen die Nachrichten. Nach der Hälfte der Neuigkeiten des Tages sagt mein Sohn: »Ist denn nichts Positives passiert? Bis jetzt wird nur von Mord und Totschlag berichtet.«

Mein Sohn hat es erkannt: Unsere Gesellschaft ist darauf getrimmt, den Blick auf das Negative zu richten. Jeder Einzelne von uns. Unsere ganze Wortwahl ist inzwischen negativ. Ist dir das schon mal aufgefallen? Es fallen Sätze wie »Ist doch klar, dass du wieder zu spät kommst. Immer musst du der Letzte sein. Nie kannst du ...«. Ich weiß nicht, ob dich solche Sätze zum Besten motivieren oder einfach nur dazu, dein Verhalten zu ändern. Mich motivieren sie nicht. Sei mal achtsam und ehrlich zu dir selbst und beobachte dich einen Tag lang. Achte bewusst auf das, was du sagst. Ist es positiv, wertschätzend, liebevoll formuliert? Ich erlebe es überall, an der Supermarktkasse, im Restaurant, im Straßenverkehr, in der Schule, im Kindergarten, bei mir im Wartezimmer. Es wird alles Negative gesehen und gesagt. Aber mal ehrlich: Was kostet ein Lächeln? Nichts. Und wenn es dann noch ein Lächeln für das eigene Kind ist, sollte das doch möglich sein, oder?

Man sagt, es braucht zehn gute Worte, damit das eine schlechte nicht ins Gewicht fällt. Da haben wir wohl einiges zu tun – mich eingeschlossen. Positive Worte schaffen unmittelbar eine andere Atmosphäre. Gepaart mit einem Lächeln entsteht daraus ein unschlagbares Team. Wenn Liebe unser Antrieb ist, dann sollten wir umso mehr überprüfen, was für eine Atmosphäre wir schaffen. Solltest du dich dabei ertappen, dass deine Wortwahl eher negativ ist, dann möchte ich dich ermutigen, deine Gedanken näher zu betrachten. Unsere Worte sind nur der ausgesprochene Gedanke. Denkst du wirklich, dass dein Kind immer alles falsch macht, zu spät kommt, vergesslich ist? Vielleicht ist es auch wirklich so. Dann darfst du deinen Blick auf das Positive richten, was dein Kind auch immer macht: wie selbstständig die Zähne putzen, schöne Bilder malen, hüpfen, tanzen, lachen, springen. Es gibt also mindestens genauso viele Dinge, die dein Kind immer oder fast immer super macht. Sagst du das dann auch? »Schön, dass du immer ein Lied auf den Lippen hast.« Aber vielleicht sagst du es nicht, weil dich das ständige Geträller nervt. Und schwupp, haben wir schon wieder einen negativen Gedanken entlarvt.

Ein positives Umfeld schaffen und Anreize geben

1. Achte auf deine Worte, entscheide dich bewusst für Motive, Worte und Formulierungen. Am Anfang ist es schwer und ungewohnt. Übe deshalb bei den kleinen Dingen des Alltags. Man kann alles auch positiv formulieren.
2. Gib positive Anreize in Form von zwei Wahlmöglichkeiten. Beide Möglichkeiten beinhalten die logischen Konsequenzen für das Handeln, einmal mit positiver und einmal mit negativer Auswirkung.
3. Lobe, lobe, lobe.
4. Schaffe eine Atmosphäre der Wertschätzung und Freundlichkeit. Du wirst sehen, dass dies eine positive Auswirkung auf dein ganzes Leben haben wird, nicht nur auf deine Kinder.

Anleitung

»Mama, können wir Weihnachtsplätzchen backen?«, fragt mein Kurzer. Klar, denke ich mir, und kaufe alle Zutaten ein. Ich rufe ihn in die Küche und sage: »Los geht's. Wir backen Plätzchen.« Er guckt sich verwirrt in der Küche um, als ob er etwas suchen würde. Dann sagt er: »Aber Mama, da ist ja gar kein Teig. Wovon sollen wir Plätzchen backen?« Aha, daher weht der Wind. Ich antworte: »Plätzchen backen heißt auch, den Teig zu machen und nicht nur aus fertigem

Teig die Plätzchen auszustechen. Wir machen alles zusammen.« – *»Aber ich weiß gar nicht wie das geht!«, ist seine Antwort und ich merke, dass seine Lust schwindet.*
 Heute kann er ganz ohne meine Hilfe Plätzchen backen – und noch viele andere Sachen.

Zugegeben, es ist anstrengend, Kindern manche Dinge beizubringen, sie darin anzuleiten. Hätte ich den Teig alleine gemacht, wäre es schneller gegangen und meine Küche wäre sauberer geblieben. Und vielleicht ist genau das der hauptsächliche Grund, warum wir unseren Kindern so wenig beibringen. Wir haben keine Zeit. Ich habe von meiner Mutter Backen, Kochen, Stricken, Häkeln, Nähen, Socken stopfen und von meinem Vater Tapezieren und Handwerken gelernt. Auch wenn ich bei letzterem eher ungeschickt bin. Viel habe ich durch einfaches Dabeisein und Nachahmen gelernt. Jetzt sagst du vielleicht: »Wer strickt denn heute noch oder stopft seine Socken?« Darum geht es aber nicht. Sicherlich gibt es heutzutage andere Anforderungen, aber auch darin braucht es Anleitung.

Eine Mutter berichtet im Elterngespräch, dass ihre Tochter gerne kochen würde. Ich frage sie, warum sie es dann nicht macht. Darauf die Mutter: »Wenn ich sehe, wie sie Kartoffeln schält, bekomme ich die Krise. Da kann ich noch nicht mal hingucken und mach es lieber selber.« Ich frage die Mutter, ob sie ihre Tochter schon mal angeleitet hat, wie man Kartoffeln schält. Sie guckt mich verdutzt an und antwortet, über sich selbst erschrocken: »Nein.«

Für uns ist alles, was wir machen, schon zur Selbstverständlichkeit geworden. Kinder benötigen Anleitung, und zwar praktische. Du wirst deinem Kind auch nicht ein Buch in die Hand geben mit dem Titel »Wie fahre ich Fahrrad?«. Du wirst es auf das Fahrrad setzen, ihm erklären und zeigen, wie das funktioniert und so lange nebenherlaufen, bis dein Kind einigermaßen sicher damit fahren kann. Kinder sind darauf angewiesen, dass wir ihnen die Welt erklären und sie anleiten, darin zurechtzukommen. Dies beinhaltet sowohl das Kartoffelschälen als auch menschliche Verhaltensweisen. Erklärst du deinem Kind die Welt aus deiner Sicht? Erklärst du ihm, warum wer was wie macht?

Ich »durfte« gerade einen neuen Rasenmäher kaufen. Mein Sohn ist für das Rasenmähen zuständig, da wir den Rasen für ihn zum Fußballspielen haben. Wir hatten einen mechanischen Rasenmäher, der ohne Strom und nur mit Körpereinsatz funktioniert; rotierende Messer, die sich durch den Schwung drehen und das Gras abmähen. Mein Sohn hatte den Rasenmäher im Herbst nicht zurück in die Gartenhütte gestellt. So war er den ganzen Winter über draußen und Wind und Wetter ausgeliefert. Das Ende vom Lied: Die Messer waren stumpf. Im ersten Moment war ich sauer auf meinem Sohn. Ich dachte mir: »Warum hat er den nicht in die Hütte gestellt. Er muss doch wissen, dass die Schneideblätter so stumpf werden.« Muss er? Beim weiteren Nachdenken fiel mir auf, dass ich ihm zwar eine Anleitung für das Rasenmähen selbst, aber keine Anleitung für den weiteren Umgang mit dem Rasenmäher gegeben hatte. Meine Schuld.

Wie viel Anleitung gibst du deinem Kind in den kleinen und großen Dingen? Wie viele Erklärungen gibst du? Wir brauchen uns nicht über unengagierte Jugendliche in Sachen Politik zu wundern, wenn wir sie nicht darin anleiten, darüber nachzudenken, ihnen nicht die Zusammenhänge erklären. Auch unser Schulsystem gibt letztlich keine Anleitung. Vielleicht werden sie noch angeleitet, wie sie ein Schulheft richtig führen sollen, aber eine Anleitung zum eigenen, selbstständigen Denken gibt es meist nicht. Ich befürchte fast, eigenes Denken und vor allem kritisches Denken ist in letzter Konsequenz nicht erwünscht.

Anleitung besteht aus mehr als nur dem bloßen Erklären. Warum meinen wir dann, dass unsere Kinder etwas können müssten, nachdem wir ihnen einmal gesagt haben, wie es geht?

Gefühle leben

Ich sitze in einer Therapiestunde. Das 17-jährige Mädchen mir gegenüber erzählt von den Gewalterfahrungen in ihrer Familie, von ihren ständig alkoholisierten Eltern und davon, wie sie zugeschaut hat, wie ihr Vater im Streit den Kieferknochen ihrer Mutter gebrochen hat. Bei all den Erzählungen lächelt sie. Mir bricht es fast das Herz und ich wische mir eine Träne aus den Augen. Sie guckt mich verwundert an und fragt, ob ich was im Auge hätte. Ich antworte ihr: »Ich bin traurig darüber, dass du all das erleben musstest.« Sie ist verwirrt und kann kaum damit umgehen. Ich merke, dass sie Gefühle bei anderen selten sieht und ihre eigenen tief vergraben hat. Das musste sie tun, als Schutz, und ich weiß, dass es eine meiner Aufgaben sein wird, sie wieder fühlen zu lassen.

Wir haben verlernt zu fühlen, unsere Gefühle zuzulassen, vor anderen zu zeigen. Besonders in Elterngesprächen merke ich sogar, wie Eltern stolz darauf sind, dass sie ihren Groll auf den Partner, den Chef oder die Freundin nicht vor den Kindern gezeigt haben. Dabei merken sie nicht, dass sie mit diesem Verhalten emotionale Krüppel heranziehen. Kinder lernen Emotionen über uns. Sie lernen auch ihre Emotionsregulation über uns. Wenn sie sehen, dass Mama sauer ist und den Grund dafür benennt (natürlich immer altersentsprechend), dann erkennen sie, dass es normal ist, schon mal wütend zu sein. Sie nehmen auch wahr, dass Mama etwas später wieder gut drauf ist, weil sie ihre Emotionen reguliert hat. Das nennt man Lernen am Modell. Leider erziehen wir unseren Kindern Emotionen aller Art von Anfang an einfach ab. Die meisten unserer Emotionen sind völlig natürlich und helfen uns, das Leben zu meistern, doch wir signalisieren unseren Kindern, dass diese Emotionen nicht gut sind.

Kummer ist solch eine natürliche Emotion. Sie lässt uns das Gefühl über einen Verlust zum Ausdruck bringen. Diese Emotion hilft uns, Abschied nehmen zu können. Wenn du deinen Kummer zum Ausdruck bringst, wirst du ihn los. Kinder, die traurig sein dürfen, wenn sie traurig sind, haben später ein gesundes Verhältnis zur Traurigkeit. Kinder, die ermahnt werden, nicht zu weinen, tun sich später damit schwer. Sie fangen an, ihren Kummer zu unterdrücken. Die Langzeitfolgen sind Depressionen. Wenn wir uns die vielen depressiv Erkrankten anschauen, dann sehen wir, was diesen als Kind beigebracht wurde: nicht traurig sein zu dürfen.

Ärger ist eine natürliche Emotion. Ärger erlaubt dir, dich abzugrenzen, wo es notwendig ist. Und das geht ohne Schimpfwörter oder Gewalt. Wenn Kinder ihrem Ärger Luft machen dürfen, haben sie später ein gesundes Verhältnis dazu und werden ihn schnell wieder los. Kinder, denen gesagt wurde, dass Ärger etwas Negatives ist, fressen diesen in sich hinein. Aus unterdrücktem Ärger wird rasende Wut. Vielleicht wäre es hilfreich, »wütende« Kinder mal unter diesem Gesichtspunkt zu betrachten und ihnen zu erlauben, ärgerlich zu sein.

Neid ist eine natürliche Emotion. Sie lässt den Dreijährigen wünschen, die Türklinke ebenso erreichen zu können wie seine größere Schwester. Neid ist gut. Neid lässt in dir den Wunsch entstehen, es noch einmal zu probieren. Es dem anderen in allem gleichzutun. Neid lässt uns wachsen und uns weiterentwickeln. Er ist die Motivation für Anstrengung und Unnachgiebigkeit, um zum Erfolg zu kommen. Kinder, denen nicht erlaubt wurde, neidisch zu sein, weil es sich nicht gehört, unterdrücken diesen. Ständig unterdrückter Neid führt jedoch zur Eifersucht. Und Eifersucht ist ja bekanntlich eine Leidenschaft, die mit Eifer sucht, was Leiden schafft.

Angst ist eine natürliche Emotion. Alle Babys kommen nur mit zwei Ängsten auf die Welt, der Angst vor dem Fallen und der Angst vor lauten Geräuschen. Alle anderen Ängste sind erlernte Reaktionen, die dem Kind durch sein Umfeld und seine Eltern beigebracht werden. Der Sinn und Zweck der natürlichen Angst ist die Anleitung zu einer gewissen Vorsicht. Vorsicht hilft, den Körper am Leben zu erhalten. Kindern wird oft signalisiert, dass es nicht in Ordnung ist, Angst zu haben. Sie unterdrücken ihre Angst. Aus ständig unterdrückter Angst wird jedoch Panik. Du wärst erstaunt, wie viele junge Menschen mit Panik- und Angstattacken bei mir in der Praxis sind.

Liebe ist eine natürliche Emotion. Kinder brauchen diese reine Liebe, ohne Scham und Verlegenheit oder komische Verdrehungen. Wenn Kinder solch eine Liebe erleben und empfangen dürfen, dann entwickeln sie sich hervorragend. Doch wir schränken unsere Liebe oft ein, knüpfen sie an Bedingungen und Verhalten, an Rituale. Wir manipulieren und halten zurück. Kinder, denen vermittelt wird, dass ihre natürliche Liebe nicht in Ordnung ist, dass es nicht angemessen ist, diese zu zeigen oder überhaupt zu verspüren, werden Schwierigkeiten haben, Liebe wirklich zulassen zu können. Dadurch entstehen Gefühle von Besitzanspruch und Besitzgier.

Wie du vielleicht merkst, hast du wahrscheinlich in deiner eigenen Kindheit nicht alle Emotionen ausleben dürfen. Oft wurde ein »Verbot« einer dieser Emotionen nicht einmal explizit ausgesprochen. Wir alle kennen den Ausspruch »Indianerherz kennt keinen Schmerz«. Das wäre eine klare Aufforderung. Aber auch die nicht ausgesprochenen Erwartungen zählen hier. Eltern, die weder Ärger noch Neid, Angst, Kummer oder aufrichtige Liebe vor- und ausleben, sagen ihren Kindern mit ihren Taten: »Gefühle hat man nicht zu haben. Das ist ›uncool‹, das gehört sich nicht.« Und so wirst auch du automatisch das Muster auf deine Kinder übertragen. Es sei denn, du schaust es dir genau an, erlaubst dir jetzt, diese Gefühle zu haben.

Ich selbst habe meinen Kummer in meiner Kindheit überspielt. Nicht, weil meine Eltern mir diesen direkt verboten hätten, aber es gab keinen Raum dafür. Als Erwachsene hatte ich eine Phase, in der ich mit Depressionen kämpfte. Es war eine große Herausforderung für mich, all diesen Emotionen wieder bewusst Platz zu gewähren. Meine Kinder wissen daher immer, wie es mir geht und auch, warum es mir geht, wie es mir geht. Bei uns fallen Sätze wie: »Ich bin heute echt verärgert über mich selbst, weil ich schon wieder etwas nicht so hinbekommen habe, wie ich es wollte.« Meine Kinder wissen dann, dass mit mir gerade nicht gut Kirschenessen ist und gehen mir aus dem Weg. Und sie sehen, dass ich mich wieder fange und der Ärger verschwindet.

Was es bedeutet, Gefühle zu leben

1. Erkenne die Gefühle Ärger, Angst, Neid, Kummer und Liebe als natürliche Emotionen an.
2. Überprüfe, ob du selbst diese Emotionen erleben durftest und ob du sie heute ausleben kannst.
3. Erlaube dir selbst, Ärger, Angst, Neid, Kummer und Liebe zu fühlen.
4. Erlaube deinen Kindern, diese Emotionen auszuleben.
5. Sieh dich in punkto Gefühle als Vorbild für deine Kinder. Sie lernen an deinem Modell. Damit entscheidest du, ob sie zu emotionalen Krüppeln werden oder zu bewussten Menschen, die Emotionen haben und sie ausleben können.

Unterstützung und Hilfe

Wir saßen im Auto. Mein Sohn neben mir wurde immer kleiner. Er guckte mich flehend an: »Mama, müssen wir das wirklich machen? Ich möchte das nicht.« Ich erklärte ihm noch einmal ruhig und sachlich, dass es keinen anderen Weg gibt. Vorausgegangen war die Situation, dass sein Freund ihn mit einem anderen Kumpel »abgezogen« und um 200 Euro betrogen hatte. Mein Sohn wollte es alleine lösen, was leider dazu führte, dass er noch mehr zum Opfer wurde und eine hässliche Mobbingattacke via WhatsApp begann. Mir war klar, dass ich jetzt eingreifen, meinem Sohn gegen seinen Willen helfen und ihn unterstützen musste. Ich habe mit ihm die betroffenen Familien aufgesucht und Gespräche geführt. Bei einer Familie gab es Entsetzen und eine klare Haltung der Eltern. Bei der anderen Familie nicht. Am Ende musste ich dann dennoch Anzeige erstatten, um meinen Sohn zu schützen. Es hatte weitreichende Folgen für meinen Sohn, die teilweise nicht schön waren. Aber das Mobbing hörte schlagartig auf. Wir haben danach noch sehr viele Gespräche darüber geführt; über das soziale Miteinander, über Vertrauen und Freundschaft. Heute ist er in dem Punkt klar aufgestellt. So etwas wird ihm nicht wieder passieren.

Im Gegenzug sitze ich oft in Therapiestunden und bin erschrocken darüber, wie wenig Eltern aktiv werden und ihre Kinder schützen. Da heißt es schnell: »Das ist Aufgabe der Schule.« Oder es interessiert sie erst gar nicht. Kinder sind unsere Schutzbefohlenen. Das ist vielleicht einer der größten Knackpunkte innerhalb unserer Gesellschaft: Wir sehen Kinder nicht als schützenswert an. Eltern haben mehr Rechte als Kinder. Ein Kind, welches mit acht Monaten einen Schädelbasisbruch (und 21 weitere Körperverletzungen) erlitten hat, zugefügt von den Eltern, muss Besuchskontakte mit diesen Eltern über sich ergehen lassen, ohne die Chance zu haben, vorher die Wunden auf der Seele zu schließen. Die Pflegeeltern sollen diesen Kontakt begleiten, als Schutz. Aber wie sollen sie in den Augen des Kindes als Schutz gelten, wenn sie es unterstützen, dass dieser Kontakt überhaupt entsteht? Allein über die Missstände und die unterlassene Hilfeleistung in unserem Jugendhilfesystem könnte ich ein ganzes Buch füllen. Es liegt an einem falschen Verständnis, was Hilfe bedeutet. Wir meinen immer noch, es sei Unterstützung und Hilfe genug, wenn die physischen Grundbedürfnisse der Kinder erfüllt werden. Es geht aber um viel mehr. Kinder brauchen Hilfe beim Erlernen von sozialen Fähigkeiten. Sie brauchen Unterstützung in der Schule, nicht fürs Lernen, sondern im Umgang mit Ungerechtigkeit und Mobbing. Wir müssen ihnen die Welt erklären, auch, was Freundschaften, Ausgrenzung und Liebe angeht. Kleine Kinder benötigen natürlich mehr Unterstützung als größere. Dennoch brauchen alle Kinder Erwachsene, die den Überblick haben, die einschätzen können, wann man andere Wege wählen muss. In der Rechtsprechung haben Kinder keine Stimme. Sie können sich nicht selbst Hilfe verschaffen. Also brauchen sie uns Erwachsene, die für sie streiten und kämpfen.

Und dann gibt es die anderen Bereiche, in denen wir Kindern nur zu gerne helfen; bei Hausaufgaben, beim Lernen, bei praktischen Dingen. Diese Dinge lernen Kinder in der Tat viel schneller, wenn sie es selbst machen dürfen oder auch müssen. Ich bin immer wieder erstaunt über Kinder, die noch in der zehnten Klasse das Schulbrot von Mami geschmiert und den Ranzen gepackt bekommen und zur Schule gefahren werden. Aber wenn es dann um Konflikte in der Klasse oder mit einem Lehrer geht – also da, wo es für Eltern vielleicht auch unbequem wird – werden die Kinder oft alleingelassen. In der Grundschule habe ich meinen Söhnen von mir aus geholfen. Ab der weiterführenden Schule mussten sie bei mir um Hilfe bitten. Ich habe sie ihnen gerne gegeben, wenn sie gefragt haben. Aber es war keine Serviceleistung mehr. Heute wissen meine Jungs, dass sie mich immer bei allem um Hilfe bitten können. Sie tun es eher selten, denn sie wollen ihre eigenen Erfahrungen machen. Und das ist gut so. Ich gebe zu, manchmal geht es mit mir durch. Dann sag ich, dass ich einen Tipp für sie hätte und frage aber erst, ob sie diesen hören wollen. Wenn nicht, dann halte ich mich zurück – auch wenn es schwerfällt. Kinder benötigen jedoch die Sicherheit zu wissen, dass Hilfe und Unterstützung da sind, wann immer sie sie benötigen. Es ist wie das doppelte Netz bei den Seiltänzern. Eigentlich wird es nur in der Übungszeit wirklich benötigt, später gibt es aber immer noch das Gefühl von Sicherheit. Ist das Sicherheitsnetz in den Kindertagen gut etabliert, dann wirken weitere Hilfeangebote später eher als Bevormundung und sind nicht wirklich hilfreich. Lass dein Kind seine eigenen Erfahrungen machen. Und wenn es mal schiefgeht, dann bist du da.

Praktische Umsetzung und Methoden

Wie gibt man Unterstützung und Hilfe?

1. Kleine Kinder brauchen mehr Unterstützung und Hilfe als große.
2. Es ist unsere Aufgabe als Erwachsene, das Sprachrohr der Kinder zu sein in Bereichen, in denen ihre Stimme noch keinen Wert hat.
3. Etabliere eine Atmosphäre, in der deine Kinder wissen, dass du ihnen alles gibst, was sie an Unterstützung brauchen.
4. Gib vor allen Dingen Hilfestellung in den Bereichen der sozialen Kontakte und Fertigkeiten – alles andere lernt sich besser von alleine.
5. Je älter die Kinder werden, umso weniger behellige sie mit deiner gut gemeinten Hilfe; aber sei da, wenn sie danach fragen.

Schützender Rahmen

»Lob und Anerkennung sind der größte Schutz,
den du deinem Kind bieten kannst!« – Gunda Frey

Natürlich schützt du dein Kind intuitiv. Du passt auf, dass es nicht auf die Straße rennt, wenn es klein ist. Darüber braucht nichts gesagt zu werden. Ich möchte hier über den Schutz der

Seele sprechen. Nichts schützt die Seele mehr als ein Rahmen, in dem Emotionen erlaubt sind, ausgelebt werden dürfen und nicht bewertet werden. Eigentlich ist das Schlimmste, was wir unseren Kindern antun, unsere Art und Weise, sie zu strafen. Wir degradieren sie dadurch permanent und pflanzen ein Gefühl von Wertlosigkeit in ihre Seele. Unsere Worte können einen so großen Schaden anrichten, wie wir es selbst eigentlich nicht für möglich halten. Doch wenn wir ehrlich zu uns selbst sind, wissen wir es doch ganz genau. Da gibt es die demütigenden Worte und Sätze unserer eigenen Kindheit, die bis jetzt in uns nachhallen und ein ungutes Gefühl auslösen. Umso wichtiger ist es, sich dessen bewusst zu werden, um es bewusst anders zu machen. Denn aus eigener Erfahrung weißt du auch: Da, wo du dich sicher und beschützt fühlst, läufst du zu Höchstformen auf und kannst Unglaubliches schaffen.

Spare also niemals mit Lob und Anerkennung und schaffe so einen schützenden Rahmen für deine Kinder.

Verlässlichkeit

Es ist Sonntag. Ich liege noch im Bett, obwohl ich schon wach bin. Da höre ich, wie mein Sohn (damals ca. sieben Jahre alt) an meiner Schlafzimmertür vorbeischleicht. Ich rufe ihn und er kommt mit gesenktem Blick ins Zimmer. Ich frage ihn, was los ist. Er antwortet, er müsse mal auf die Toilette. Darauf frage ich, warum er so schleiche und so schuldbewusst dreinschaue, es sei doch völlig in Ordnung, wenn er auf die Toilette müsse. Darauf antwortet er: »Ich wusste nicht, ob du böse wirst, wenn ich dich dadurch aufwecke.« Ich hole ihn zu mir ins Bett und versichere ihm, dass mich das nie böse machen wird. Später denke ich darüber nach, warum er das denkt. Schnell komme ich auf die Antwort: Sein Vater ist ein cholerischer Mensch und man wusste nie, was ihn zu einem »Ausraster« trieb. Das war damals einer der Trennungsgründe. Nun merke ich, wie mein Sohn aus Angst vor solch einem »Ausraster« bei mir in den vorauseilenden Gehorsam ging.

Kinder benötigen Verlässlichkeit, denn diese – besonders die emotionale Verlässlichkeit – gibt Sicherheit. Wenn dein Kind nie wissen kann, wie du reagierst, wird es sich anpassen, zurückziehen, wie auf rohen Eiern gehen und alles versuchen, damit du nicht ärgerlich wirst. Und oft, wenn es merkt, dass dies nicht funktioniert, wird es selbst laut und aggressiv, weil es sich ärgert, dass es nicht vorhersehen konnte, wie du reagierst. Erinnerst du dich an das Grundbedürfnis nach Sicherheit und Orientierung? Verlässlichkeit gibt genau diese Sicherheit und Orientierung. Auch hier gibt es zwei Bereiche, die emotionale Verlässlichkeit und die pragmatische. Die emotionale ist definitiv die schwerwiegendere, wenn sie nicht erfüllt wird. Sie führt zu Sicherheitsverhalten, wie ich es im Beispiel gezeigt habe. Kinder hören auf, Kinder zu sein. Sie legen ihren gesamten Fokus darauf, ein positives Feedback zu bekommen, um ihr Bedürfnis nach Bindung, Selbstwerterhöhung und Lustgewinn zu befriedigen. Reagierst du mal so und mal so, verlieren sie die Sicherheit, wodurch all diese Schutzmechanismen in Gang gesetzt werden.

Bei den pragmatischen Dingen ist es nicht ganz so schlimm, solange es nicht andauernd vorkommt. Solltest du aber zum Beispiel immer wieder etwas versprechen und es nie einhalten, bist du auch nicht verlässlich. Dein Kind schenkt dir sein Vertrauen. Das tut es immer wieder. Stehst du aber immer und immer wieder nicht zu deinem Wort, verliert es sein Vertrauen in dich. Dann wird es dich nicht mehr akzeptieren, wenn du ihm Hilfestellung geben möchtest. Du verlierst dann sogar die Funktion des schützenden Rahmens, egal wie positiv deine Worte sind. Kinder hören nicht auf die Worte der Versprechungen. Kinder sehen auf die Taten. Wir selbst würden uns viel zwischenmenschlichen Ärger ersparen, wenn wir mehr auf die Taten unseres Gegenübers schauen als auf das, was es uns verspricht. Würdest du jemandem glauben, der damit wirbt, dich finanziell unabhängig zu machen und es selbst nicht ist? Ich nicht. Wieso meinst du, dass dein Kind dir noch irgendetwas glaubt, wenn du nicht durch deine Taten Wort hältst. Und ich bitte dich, das hier nicht als Gesetz zu verstehen. Ausnahmen bestätigen immer die Regel. Es geht vielmehr um eine Haltung. Und es geht darum, meinem Kind auch zu sagen, warum ich das eine Mal vielleicht nicht Wort halten kann.

Was Verlässlichkeit ausmacht

1. Kinder benötigen vor allem ein emotional verlässliches Gegenüber. Lass deine Reaktionen klar und vorhersehbar sein. Das heißt, reagiere nicht auf die gleiche Situation einmal mit Ärger und ein anderes Mal mit Freude.
2. Lass dein »Ja« ein »Ja« und dein »Nein« ein »Nein« sein. Schaffe einen Rahmen, in dem dein Kind sich auf dich ver-

lassen kann. Das stützt das notwendige Vertrauen in dich, welches dein Kind braucht, um wachsen zu können.
3. Kannst du mal nicht Wort halten, sprich es an und entschuldige dich dafür. Lass dies die Ausnahme sein und nicht die Regel.

Sexuelle Aufklärung

Eine Therapiewoche ist um. Ich würde gerne durch die Stadt ziehen, allen Männern den Penis abschneiden und demonstrativ am Marktplatz aufhängen, wie früher im Mittelalter. Ein alter Bekannter kommt spontan vorbei und spürt meine negative Energie. Er fragt, was ich denn auf einmal gegen Männer habe, ich sei sonst nicht so. Ich schnaube und erzähle von meiner Woche. Ich hatte mehrere Erstgespräche, davon zwei mit kleinen Mädchen. Die eine ist fünf Jahre alt, die andere sechs. Sie wurden von ihren Vätern sexuell missbraucht. Kurz danach war eine zwölfjährige Patientin bei mir, die schon länger zu mir kommt. Wir hatten erfolgreich die sexuellen Übergriffe durch den Onkel aufgearbeitet. Dann kommt sie genau in der Woche zu mir und erzählt, wie ihre beste Freundin sie zum Sex mit dem Bruder genötigt hat. Und zu guter Letzt kommt meine 18-jährige Patientin. Sie berichtet von einem positiven Schwangerschaftstest. Sie ist ungewollt schwanger von ihrem Freund, den sie gerade verlassen wollte, weil er sie wie Dreck behandelt. Ich sage meinem Bekannten, dass er besser wieder geht, dass ich heute und die nächsten drei Tage keine Männer in meiner Gegenwart ertragen kann. Er nickt betroffen und sucht sicherheitshalber das Weite.

Wenn du jetzt denkst, das habe ich mir ausgedacht oder die Zeitspanne verkürzt, muss ich dir sagen: Leider nein. Es war genauso, in einer Woche. Zum Glück ist es selten so geballt, aber es ist präsent wie nie zuvor. Es passiert andauernd.

Wir leben im Zeitalter der Aufklärungen, und dennoch sind unsere Kinder so schlecht aufgeklärt wie nie zuvor. Sexuelle Übergriffe werden endlich nicht mehr tabuisiert und kommen ans Tageslicht. Die Kirche steht ganz vorne an, sowohl bei mangelnder Aufklärung als auch bei der Zunahme oder dem Bekanntwerden von sexueller Gewalt. Denn nichts anderes ist es, wenn Erwachsene sich an Kindern vergehen. Es ist zu einfach, dies auf das Zölibat zu schieben, denn damit haben wir wieder etwas anderem außerhalb unserer Verantwortung die Schuld in die Schuhe geschoben. Und es erklärt auch nicht, warum Väter sich an ihren Töchtern vergehen, warum Halbstarke junge Mädchen vergewaltigen und überall nur Schimpfwörter wie Fotze, Hurensohn und Wichser zu hören sind.

Es gibt einen direkten Zusammenhang zwischen zu später, verklemmter, einseitiger und nicht stattfindender Aufklärung und der Zunahme von sexueller Gewalt. Es gibt keinen natürlichen Umgang mit Sexualität, dem eigenen Körper und der Schönheit von beidem. Es wird sich geschämt und weggeguckt. Sexualität wird als schlecht, geheim und frivol dargestellt, noch immer. Dabei ist sie eines der schönsten Geschenke des menschlichen Körpers. Kinder, die jedoch damit aufwachsen, dass sie das nicht dürfen, dass es sich nicht ziemt, werden irgendwann den Reiz an dem Verbotenen entdecken. Das ist wie mit den Süßigkeiten, die man verbietet. Bietet sich dann die Chance auf Süßes, wird exzessiv konsumiert. Mit unserer Haltung zu Sexualität und zum Körper produzieren wir selbst quasi abnormales sexuelles Verhalten.

Wie kann denn nun eine sinnvolle Sexualerziehung aussehen? Wann fängt man am besten mit der Aufklärung an? In welchem Alter kann ich meinen Kindern was erklären?

Als erstes kommt es auf deine Haltung zum Körper und zur Sexualität an. Du bist das Modell, an dem deine Kinder lernen. Wie stehst du zu deinem eigenen Körper? Magst du deinen Körper oder versteckst du ihn? Findest du dich schön und fühlst dich in deinem Körper wohl? Dein Körperbild wirst du indirekt und ungewollt deinem Kind vermitteln. Wenn du Sexualität als ein notwendiges Übel für die Zeugung von Kindern siehst oder als lästige Pflicht dem Partner gegenüber, wird dein Kind dies übernehmen. Siehst du es als etwas Schönes, Erquickendes, Kraftspendendes und Wundervolles, wird dein Kind auch das übernehmen.

Ich bin nicht richtig aufgeklärt worden. Meine erste Periode bekam ich, als ich mit meiner Cousine, meiner Tante und meinem Onkel in Urlaub war. Ich ahnte so etwas und hatte meiner Schwester einen Tampon gemopst. Einen! Alle Frauen wissen, wie weit man damit kommt. Mir war die ganze Sache total peinlich. Das hatte ich mitgenommen von dem Verhalten meiner Eltern. Körperflüssigkeiten dieser Art sind nichts, worüber man spricht. Es ist eher eklig. Also habe ich mich nicht getraut, nach weiteren Hygieneartikeln zu fragen. Ich ging jeden Abend in die Wanne, um alles auszuspülen, war dankbar über meinen schwarzen Bikini, da man so nicht sah, dass ich blutete. Ich nahm jede Möglichkeit wahr, ins Meer zu gehen. Und ich war heilfroh, als es endlich vorbei war.

Sexualerziehung und Aufklärung fangen mit der Geburt an. Es gibt keinen Zeitpunkt, an dem es am sinnvollsten ist, Gespräche über »Bienchen und Blümchen« zu führen. Kinder kommen auf die Welt und entdecken sich als Körper. Sie erkunden sich. Sobald sie greifen können, greifen sie alles, was sie zu fassen bekommen. Sobald sie die Socken ausziehen können, machen sie dies andauernd. Sie haben etwas gelernt, haben Spaß daran und sind stolz darauf. Beim Wickeln fassen sie dorthin, wo Mami oder Papi abwischt. Die Geschlechtsorgane werden erkundet und entdeckt. Und ja, auch kleine Menschen empfinden das als lustvoll. Es ist nicht so, dass alles erst mit der Pubertät erogen wird. Es gibt Kleinkinder, die sich lustvoll am Teppich reiben. Jungs, die sich mit Freude den Penis langziehen. Sexualerziehung fängt mit unserer Reaktion darauf an. Dem entsetzten Blick, dem Verbot. In diesem Moment sagen wir unseren Kindern indirekt: »Du bist nicht o. k. Dein Körper ist nicht o. k. Das, was du mit deinem Körper machst, tut man nicht.« Kleinkinder haben dafür keine Worte, aber die Botschaft kommt an. Sie wird im Inneren gespeichert. Dann erkennen Kinder den Unterschied zwischen Männlein und Weiblein – vorausgesetzt, sie bekommen das andere Geschlecht überhaupt zu Gesicht, sehen Mama und Papa oder Geschwister nackig. Sehen sie sie nicht nackig, wird der Eindruck, dass der Körper etwas Schlechtes ist, was verborgen werden muss, noch verstärkt. Die Fragen fangen an: Warum sieht Mami anders aus als Papi? Dann fangen wir Erwachsenen meist an, rumzueiern, reden vom »Pipimann«, anstatt die Dinge beim Namen zu nennen. Die Mama hat eine Vagina und der Papa hat einen Penis und das ist auch wunderbar so. Dann gibt es Eltern, die ganz ungezwungen mit ihren Kleinkindern baden. Und da wird es auf einmal gefährlich. Die Gesellschaft hat entschieden, dass es sich für einen Papa nicht schickt, mit seiner kleinen Tochter in der Wanne zu sein. Es ist gefährlich. Da könnte was passieren. Und schon wieder wird dem Kind ein Signal der Heimlichkeit, des Angstvollen, des Unerlaubten gegeben. Ja, es gibt Väter, die sich an ihren Töchtern vergehen. Darf deswegen kein Vater mehr mit seiner Tochter baden, solange beide Freude daran haben und der Vater sie nicht an Brust und Vagina berührt? Und welcher normale Vater würde so etwas tun? Wir sehen hinter allem das Böse und wundern uns dann, dass etwas in Schieflage geraten ist.

Ein kleiner Junge wird in Obhut genommen, weil er im Kindergarten berichtet, dass sein Papa jeden Morgen seinen Pipimann anfasst. Es wird nicht nachgefragt, sondern sofort das Jugendamt alarmiert. Es dauert über ein Jahr, bis der Junge zurückkann. Der Vater hatte lediglich Creme auf den Penis geschmiert aufgrund einer Vorhautverengung. Merken wir nicht, wie wir alles viel schlimmer machen mit der Art und Weise, wie wir auch gesellschaftlich mit dem Thema umgehen?

Ich hatte meinen ersten Freund von der ersten bis zur vierten Klasse. Wir haben vier Häuser voneinander entfernt gewohnt. Wir wurden gehänselt mit Sprüchen wie »Liebespaar küsst euch mal, auf die Backe, schmeckt wie Kacke. Auf den Mund ist gesund«. Uns war das egal. Einmal hat er mich gefragt, ob er mal mein Kleid anziehen dürfe. Wir sind in die Garage gegangen und haben unsere Klamotten getauscht. Wir haben so lange in den Klamotten des anderen gespielt, bis uns die dummen Kommentare der anderen Kinder zu doof waren.

Mein Sohn ist als Prinzessin in den Kindergarten gegangen, in einem rosa Kleid, mit einer rosa Strumpfhose und einem Krönchen auf den Locken. Er wollte es so und hatte riesigen Spaß. Mein anderer Sohn hatte sich zum dritten Geburtstag eine Puppe gewünscht und sie bekommen. Es sind heute beides sehr männliche Teenager.

Auch das trägt zur Sexualerziehung bei: unser Umgang mit Geschlechterrollen. Darf ein Junge mit Puppen spielen und ein Mädchen mit Baggern? Wer darf welche Farbe tragen? Jegliche Begrenzung beginnt in unserem Kopf. Verbieten wir Kindern den natürlichen Umgang mit ihrem Körper, ist die Gefahr viel größer, dass sie diese im Teenageralter unschön ausleben. Im Sexualkundeunterricht in der Schule sind immer alle Kinder peinlich berührt. Warum denn eigentlich? Weil in den Elternhäusern nicht darüber gesprochen wird. Weil Nacktheit sich nicht ziemt. Weil Zärtlichkeiten vor den Kindern nicht ausgetauscht werden, um sie »zu schützen«. Schützen wovor denn eigentlich? Vor dem Entdecken ihres eigenen Körpers?

Und dann ist es so weit – die Pubertät setzt ein. Bei den Mädchen wachsen die Brüste, beim Jungen der Penis. Die Hormone lassen Mädchen wie Jungen etwas durcheinandergeraten. Wenn du dein Kind bis hierhin offen begleitet hast in der Akzeptanz seines Körpers, braucht es jetzt nur noch ein kleines offenes Gespräch, um vielleicht auf die Unterschiede hinzuweisen. Verhütung und so etwas haben sie schon lange in der Schule gelernt. Meiner hat sogar eine kleine Kunde darüber, wie man ein Kondom benutzt, vom Kinderarzt bekommen. Wie Männlein und Weiblein zusammenpassen, finden sie dann auch schnell selbst raus. Da geht es doch mehr um die Erlaubnis, es schön finden zu dürfen. Und vielleicht die Information, dass Männer etwas anderes am Sex schön finden als Frauen.

Aber ist so ein Gespräch möglich? Das hängt davon ab, wie peinlich es dir ist und es schon immer war. Wie gehst du damit um, wenn dein Sohn oder deine Tochter masturbiert? Falls du es überhaupt mitbekommst ...

Es geht in all dem nicht um totale Freizügigkeit im Sinne von »Jeder darf alles, wie es ihm gefällt«. Es gibt eine Grenze. Diese liegt in der Schamgrenze des Einzelnen. Ich habe die Zeit, in der mein Sohn sich vor mir nicht nackt zeigen wollte, kommentarlos akzeptiert. Da ich aber mein Verhalten nicht verschämt geändert habe, war es eine normale Phase. Die Phase, in der er sich selbst entdeckt hat und teilweise auch selbst nicht akzeptieren konnte. Und natürlich sollte kein Vater mit seiner pubertierenden Tochter unter die Dusche gehen. Ich gehe auch nicht mit meinem Sohn duschen oder baden. Aber wir halten uns beide nackt im Bad auf.

Was beinhaltet nun altersentsprechende Aufklärung?

1. Sexualerziehung fängt mit der Geburt an.
2. Der Umgang mit dem eigenen Körper ist entscheidend für eine gute Grundlage. Lass dein Kind sich entdecken dürfen, von Geburt an.
3. Wenn Nacktheit für dich kein Problem ist, dann ist es für dein Kind auch kein Problem. Du bist das Lernmodell für Sexualität.

4. Verklemmte Eltern erziehen verklemmte Kinder, die dann Sexualität an anderen, vielleicht nicht so gewünschten Stellen ausprobieren.
5. Vordefinierte Geschlechterrollen in Blau und Rosa, Auto und Puppe, sind nicht hilfreich für eine gesunde Beziehung der unterschiedlichen Geschlechter zu sich selbst.
6. Nenn die Sache beim richtigen Namen. Männer haben einen Penis und Frauen eine Vagina oder Scheide. Männer und Frauen schlafen miteinander und haben so Sex, leben ihre Sexualität aus. Verabschiede dich vom »Pipimann« und den »Blümchen und Bienchen«.
7. Bespreche mit Mädchen ohne Scham, wie sie sich während der Periode (und auch dazwischen) hygienisch gut versorgen können.

Was nun?

Lehrerin: »Was willst du später mal werden?«
Schüler: »Glücklich.«

Ich habe letztens an einem Business-Seminar teilgenommen. Es ging um Unternehmensführung. Der Referent nannte ein wunderbares Beispiel dafür, was der Unterschied zwischen einem Facharbeiter, einem Manager und einem Unternehmer ist. Ich möchte an dieser Stelle dieses Beispiel aufgreifen und übertragen.

Stelle dir einen Dschungel vor, der durchquert werden muss. Vorn in der ersten Reihe stehen die Menschen mit der Machete. Sie schneiden einen Weg durch das Unterholz, um voranzukommen. Dies sind die Facharbeiter, das heißt, die Schreiner, Maler, Programmierer, Augenoptiker, Erzieher und so weiter. Dahinter läuft der Manager. Er sorgt dafür, dass die Macheten scharf sind, dass alle ausreichend Pausen machen, genug zu essen haben, jeder mal an vorderster Front ist und so weiter. Sein Job ist es, das Ganze zu managen und den Überblick über Material, Ressourcen und Möglichkeiten jedes einzelnen zu haben. Auf einem besonders hohen Baum mit besonders gutem Überblick sitzt der Unternehmer. Sein Job ist es, alles im Blick zu haben, die Richtung anzugeben und vielleicht auch mal zu sagen, dass alle gerade auf dem falschen Weg sind.

Was nun?

Jetzt fragst du dich, was das mit unseren, deinen und meinen Kindern zu tun hat. Auf den ersten Blick nichts. Für mich ist es jedoch ein Sinnbild für Erziehung und den Umgang mit Kindern in unserer Gesellschaft geworden.

Die meisten Eltern, aber auch Erzieher, Lehrer und Pädagogen sind Facharbeiter. Sie stehen an erster Front und versuchen einen Weg durch den Dschungel zu schlagen. Sie machen intuitiv das, was ihrer Meinung nach bei einer guten Begleitung von Kindern dazugehört. Und unsere Intuition ist meistens auch großartig und richtig. Sie ist jedoch auch geprägt von unseren Erfahrungen. Also geben wir Erfahrungen weiter – die guten wie die schlechten, wie ich in diesem Buch deutlich gemacht habe. Manchmal haben wir unsere Intuition aber auch verloren, nehmen unser Bauchgefühl nicht mehr wahr. Auch das erlebe ich leider viel zu oft. Es schauen mich ratlose Elternaugen an, die sich nach Hilfe sehnen in dem heutigen Dschungel der Ratgeber, in dem sie sich dennoch meistens von allen nicht verstanden fühlen. Wie denn auch, wenn nirgendwo die absoluten Grundlagen gelehrt werden? Ich habe selbst auf Lehramt studiert und bin Diplom-Sozialpädagogin. In den Studiengängen und Ausbildungen für alle Berufe, die mit Kindern zu tun haben, lernen wir, wie man (im übertragenen Sinne) die Machete schwingt. Als Erzieher lernt man, großartige Angebote für Kinder vorzubereiten. Als Lehrer lernt man die Inhalte seines gewählten Unterrichtsfaches in Perfektion. Als Pädagoge lernt man die ganze Bandbreite von pädagogischen Inhalten, über Recht, Psychologie, Didaktik bis hin zu Statistik und Mediengebrauch. Aber nirgendwo wird etwas darüber gelehrt, welche Bedürfnisse Kinder haben, was sie eben wirklich brauchen. Es gibt kein Fach darüber, wie man mit Kindern allgemein und auch mit schwierigen Kindern umgehen sollte. Es wird nichts darüber gelehrt, was Stress mit Kindern macht, warum sie sich wie entwickeln und so weiter. Es kommt fast nichts von dem vor, was du in diesem Buch hier gefunden hast. Dabei ist das elementar! Aber zum Glück hast du es gelesen. Damit hast du das Potenzial, zum »Manager« zu werden. Du brauchst jetzt nicht mehr nur vorne zu stehen und die Machete in den Urwald zu hauen. Du weißt, was Kinder brauchen und bist in der Lage, ihnen genügend Ressourcen zur Verfügung zu stellen, den Überblick zu behalten, Freiräume zu schaffen und vieles mehr. Das ist großartig. Und ich freue mich über jeden, der dieses Buch liest und anfängt, Dinge zu verändern. Der erste Schritt vom »Facharbeiter« zum »Manager« deiner Kinder ist also der *Perspektivwechsel*. Wechsle in die Perspektive deiner Kinder. Lerne wieder mit den Augen der Kinder zu sehen und du wirst bei so vielen Entscheidungen sofort wissen, was zu tun ist.

Der nächste Schritt wäre der Aufstieg zum »Unternehmer«. Keine Sorge, dafür musst du nicht Psychologie studieren oder Therapeutin werden. Meines Erachtens wirst du zum Unternehmer, wenn du dich als Teil eines größeren Ganzen verstehst. Auch hier ist ein Perspektivenwechsel gefragt. Dabei geht es um den Zweck unserer Existenz, um den Glauben an etwas Höheres, Größeres. Wir sind spirituelle Wesen. Jeder glaubt an etwas. Und wenn er einfach daran glaubt, dass Glaube Blödsinn ist. Wir bestehen aus Geist, Seele und Körper. Geist und Körper sind in unserer Gesellschaft sehr in den Fokus geraten. Darüber haben wir die Seele vergessen. Unsere Seele hat jedoch maßgeblichen Einfluss darauf, was und wer wir sind. So können Kinderseelen schon während der Schwangerschaft verletzt werden, was ihr ganzes Leben beeinflussen wird. Wenn wir die Perspektive wechseln, ändert sich auf einmal alles. Hast du dich schon mal auf einen Stuhl gestellt und dein Wohnzimmer von oben betrachtet? Oder warst du schon mal in einem sehr hohen Gebäude und hast hinuntergeschaut? Oder hast du schon einmal im Flugzeug gesessen und eine ganze Stadt von oben gesehen? Dann weißt du, was ich meine. Auf einmal wird Großes klein und Wichtiges unwichtig. Was ist, wenn es gar nicht so viele Unterschiede gibt? Was ist, wenn wir alle – und ich meine alle Menschen auf der ganzen Erde – eine Gemeinschaft sind und zusammengehören? Dann würden wir voneinander lernen, uns gegenseitig bereichern und motivieren, auch was unsere Kindererziehung angeht. Es gibt so viel voneinander zu lernen und zu entdecken. Was wäre, wenn die Liebe unsere Welt regieren würde? Liebe zu anderen, zu uns selbst und Liebe zu unseren Kindern? Hast du eine Idee oder Ahnung, wie sich unsere gesamte Gesellschaft dadurch zum Guten verändern würde? Während ich das schreibe, habe ich ein klares Bild vor Augen, wie unsere Gesellschaft sich zum Positiven entwickeln wird. Sie wird es genau dann tun, wenn wir anfangen, unsere eigenen Baustellen aufzuräumen und unseren Kindern wieder das geben, was sie brauchen: bedingungslose Liebe. Und ich merke, wie mir eine Gänsehaut über die Arme läuft bei diesem großartigen Gedanken an eine solche neue Gesellschaft und Zukunft. Wie großartig sie am Ende wirklich wird, liegt auch in deiner Hand, in deiner Entscheidung, die Perspektive zu wechseln.

Nachwort von Michael Ehlers

»Über Erziehung schreiben, heißt, beinahe über alles auf einmal schreiben.« Dieser Satz stammt vom großen deutschen Dichter und Publizisten Jean Paul, der neben vielen anderen Werken auch eine Erziehungslehre verfasst hat. Auf jeden Fall heißt es, überhaupt zu schreiben. Wofür auch die besten Autorinnen anfangs einen kleinen Schubs benötigen. Ich bin froh und sehr stolz, dass ich auf diesem Weg, nämlich als Motivator und Inspirator, einen ganz kleinen Teil zu diesem wichtigen Buch einer guten Freundin beitragen durfte, zu dessen Zielgruppe ich als Vater auch selbst gehöre.

Ich weiß aus eigener Erfahrung, dass Eltern von heute von allen Seiten unter Druck gesetzt werden, um perfekt zu sein – für das perfekte Kind. Alles muss bedacht werden, alles kann Einfluss nehmen. Aber in unseren Bemühungen als Elternteil oder als Erzieher alles richtig machen zu wollen und »einfach alles« im Auge zu behalten, laufen wir Gefahr, genau das zu verpassen, was Kinder wirklich für lebenslange emotionale Sicherheit brauchen. Und so widerspricht die große Kinderversteherin Gunda Frey in diesem Fall dem großen Dichter. Denn in ihrem ersten Buch konzentriert sie sich nur auf das, was Kinder wirklich brauchen, und lässt alles andere beiseite. Gunda Frey legt mit »Kindern geben, was sie brauchen« eine ebenso einfache wie kraftvolle Erziehungsstrategie vor: Das Erkennen und Erfüllen der wahren kindlichen Bedürfnisse.

Sie schöpft aus der ganzen Tiefe ihrer psychotherapeutischen

Nachwort von Michael Ehlers

Praxis sowie aus ihren ganz eigenen vielschichtigen Erfahrungen. Diese Kombination ist die Basis, von der aus sie Eltern zeigt, wie diese Verantwortung übernehmen und eine liebevolle Familie mit tiefen Verbindungen aufbauen können. Dieses Buch wird für Leserin und Leser der Schlüssel dazu sein, das Elternteil zu sein, das sie sein wollen und das Elternteil, das ihre Kinder brauchen.

Die Autorin ist dabei durchaus geprägt von ihrer eigenen Vergangenheit, voller Ansprüche und Glaubenssätze, die für ein Kind schwer zu erfüllen waren, während über allem die Angst vor physischer Bestrafung schwebte. Eigentlich wissen wir, dass Kinder genau diese Dinge nicht brauchen. Dieses Wissen umzusetzen und sich stattdessen auf das zu konzentrieren, was Kinder wirklich brauchen, ist die große Aufgabe, vor der Eltern heute stehen. Und Gunda Frey ist dabei ihre Verbündete auf Schritt und Tritt.

Ich bin sicher, dass dieses Buch vielen Menschen eine echte Hilfe sein wird. Ich habe es als Vater gelesen und habe deshalb selbst feststellen können, welche Magie die Tipps von Gunda Frey freisetzen, wenn wir darauf achten, was Kinder wirklich brauchen. Tatsächlich stimmt, wenn wir das tun, auch wieder, was der Dichter 1807 in »Levana oder Erziehungslehre« schrieb: »Kinder erziehen besser zu Erziehern als alle Erzieher.«

Liebe Gunda, im Namen unserer Kinder: Danke für dieses Buch.

Michael Ehlers

Literatur und Quellen

Bowlby, John (2010): Bindung als sichere Basis – Grundlagen und Anwendung der Bindungstheorie, 2. Auflage, Reinhardt Verlag, München, zu finden unter: http://www.bindungstheorie.net/, zuletzt geprüft am 12.06.2019.

Bowlby, John (2010): Frühe Bindung und kindliche Entwicklung, 6. Auflage, Reinhardt Verlag, München, zu finden unter: http://www.bindungstheorie.net/, zuletzt geprüft am 12.06.2019.

Drexler, Katharina (2018): Ererbte Wunden heilen. Klett-Cotta Verlag, Stuttgart.

Grawe, Klaus (2000): Psychologische Therapie, Hogrefe Verlag, Göttingen, zu finden unter: https://www.klaus-grawe-institut.ch/blog/1205/, zuletzt geprüft am 12.06.2019.

Hühn, Susanne (2017): Die Heilung des Inneren Kindes. Sieben Schritte zur Befreiung des Selbst, Schirner Verlag, Darmstadt.

Hensel, Thomas (2017): Stressorbasierte Psychotherapie. Belastungssymptome wirksam transformieren – ein integrativer Ansatz, Verlag W. Kohlhammer, Stuttgart.

Huber, Michaela (2012): Transgenerationale Traumatisierung, Junfermann Verlag, Paderborn.

Laubstein, Claudia; Holz, Gerda; Seddig, Nadine (2016): Armutsfolgen für Kinder und Jugendliche. Erkenntnisse aus empirischen Studien in Deutschland. Bertelsmann Stiftung, online verfügbar unter: https://www.bertelsmannstiftung.de/fileadmin/files/BSt/Publikationen/GrauePublikationen/Studie_WB_Armutsfolgen_fuer_Kinder_und_Jugendliche_2016.pdf, zuletzt geprüft am 28.03.2019.

Ludovici, Cornelia (2002): Vernachlässigung – Auswirkungen auf die kindliche Entwicklung, online verfügbar unter: https://www.kinderschutz-zentrum-berlin.de/download/ksz_Vernachlaessigung_Ludovici.pdf, zuletzt geprüft am 13.06.2019.

Perry, Bruce D. (2006): The Neurosequential Model of Therapeutics: Applying principles of neuroscience to clinical work with traumatized and maltreated children, in: Nancy Boyd Webb (ed.), Working with Traumatized Youth in Child Welfare, The Guilford Press, New York,

S. 27–52, online verfügbar unter: https://childtrauma.org/wp-content/uploads/2013/08/Perry-Bruce-neurosequentialmodel_06.pdf, zuletzt geprüft am 12.06.2019.

Stahl, Stefanie (2015): Das Kind in dir muss Heimat finden. Der Schlüssel zur Lösung (fast) aller Probleme, Kailash Verlag, München.

Anmerkungen

1. ADHS = Aufmerksamkeitsdefizit-Hyperaktivitätsstörung.
2. Soziale Phobie bezeichnet eine extreme Ängstlichkeit, sich in sozialen Kontexten zu äußern, wie zum Beispiel in der Schule etwas vor allen anderen zu sagen.
3. ADS = Aufmerksamkeitsdefizit-Syndrom ohne Hyperkinese. Das sind die sogenannten »Träumer«. Sie tauchen gedanklich ab in andere Welten und können sich dementsprechend schlecht konzentrieren.
4. Perry, Bruce D. (2006): The Neurosequential Model of Therapeutics: Applying principles of neuroscience to clinical work with traumatized and maltreated children, in: Nancy Boyd Webb (ed.), Working with Traumatized Youth in Child Welfare, The Guilford Press, New York, S. 27–52, online verfügbar unter: https://childtrauma.org/wp-content/uploads/2013/08/Perry-Bruce-neurosequentialmodel_06.pdf, zuletzt geprüft am 08.04.2019.
5. Statistisches Bundesamt (Destatis) (2019): Kinder- und Jugendhilfe in Deutschland. Schutzmaßnahmen für Kinder und Jugendliche ab 1995 nach Art der Maßnahme. Online verfügbar unter https://www.destatis.de/DE/ZahlenFakten/GesellschaftStaat/Soziales/Sozialleistungen/KinderJugendhilfe/Tabellen/Schutzmassnahmen.html;jsessionid=866D1010B5E822A30A43E3893DB06A87.InternetLive1, zuletzt geprüft am 18.03.2019.
6. Hensel, Thomas (2017): Stressorbasierte Psychotherapie. Belastungssymptome wirksam transformieren – ein integrativer Ansatz, Verlag W. Kohlhammer, Stuttgart, S. 18 ff.
7. Laubstein, Claudia; Holz, Gerda; Seddig, Nadine (2016): Armutsfolgen für Kinder und Jugendliche. Erkenntnisse aus empirischen Studien in Deutschland. Bertelsmann Siftung, online verfügbar unter: https://www.bertelsmannstiftung.de/fileadmin/files/BSt/Publikationen/GrauePublikationen/Studie_WB_Armutsfolgen_fuer_Kinder_und_Jugendliche_2016.pdf, zuletzt geprüft am 28.03.2019.

Anmerkungen

8 Entlehnt aus Reinhard Meys Lied »Altes Kind« (1996), erschienen im Album »Leuchtfeuer«.
9 Ludovici, Cornelia (2002): Vernachlässigung – Auswirkungen auf die kindliche Entwicklung. Zu finden unter: https://www.kinderschutz-zentrum-berlin.de/download/ksz_Vernachlaessigung_Ludovici.pdf, zuletzt geprüft am 13.06.2019.
10 Grawe, Klaus (2000): Psychologische Therapie. Hogrefe Verlag, Göttingen, zu finden unter: https://www.klaus-grawe-institut.ch/blog/1205/, zuletzt geprüft am 12.06.2019.
11 Ob sich diese Geschichte tatsächlich so in Russland zugetragen hat, lässt sich wohl im Nachhinein nicht mehr herausfinden. Auch Kaiser Friedrich II. wurden solche Experimente mit Neugeborenen nachgesagt. Aber auch hier: keine konkreten wissenschaftlichen Beweise. Zusammenfassen kann man diese Art der Experimente unter dem Begriff »Kaspar-Hauser-Versuch«. Denn dabei geht es darum, welche Auswirkungen es hat, wenn Säuglinge – sowohl von Menschen als auch von anderen Tieren – ohne jegliche Zuwendung aufwachsen, rein mit der mechanischen Befriedigung der physischen Bedürfnisse. Nachzulesen unter: https://www.wissen.de/welche-sprachexperimente-machte-friedrich-ii-mit-kindern, zuletzt geprüft am 19.06.2019 und https://de.wikipedia.org/wiki/Kaspar-Hauser-Versuch, zuletzt geprüft am 19.06.2019.
12 Eine Peergroup ist eine Gruppe von etwa gleichaltrigen Kindern oder Jugendlichen, die als primäre soziale Bezugsgruppe neben das Elternhaus tritt. Nachzulesen unter: https://de.wikipedia.org/wiki/Peergroup, zuletzt geprüft am 19.06.2019.
13 Bowlby, John (2010): Frühe Bindung und kindliche Entwicklung, 6. Auflage, Reinhardt Verlag, München und ders. (2010): Bindung als sichere Basis – Grundlagen und Anwendung der Bindungstheorie, 2. Auflage, Reinhardt Verlag, München, zu finden unter: http://www.bindungstheorie.net/, zuletzt geprüft am 12.06.2019.
14 »Kinder an die Macht« – Herbert Grönemeyer (1986), erschienen in dem Album »Sprünge«.
15 Watzlawick, Paul (2015): Man kann nicht nicht kommunizieren. Das Lesebuch, 2. Auflage, Hogrefe Verlag, Bern.
16 Beispielhaft kann hier *Das Kind in dir muss Heimat finden* von Stefanie Stahl (Kailash, 2015) oder *Die Heilung des Inneren Kindes. Sieben*

Schritte zur Befreiung des Selbst von Susanne Hühn (Schirner Verlag, 2017) genannt werden.
17 In den folgenden Büchern wird dieses Thema genauer betrachtet: Huber, Michaela (2012): Transgenerationale Traumatisierung, Junfermann Verlag, Paderborn; Drexler, Katharina (2018): Ererbte Wunden heilen, Klett-Cotta Verlag, Stuttgart.
18 https://de.wikipedia.org/wiki/Strafe, zuletzt geprüft am 05.07.2019

**»Leben und Wachsen mit Kindern –
Power für dich und dein Kind«**
Der Onlinekurs

Du bist inspiriert und motiviert, und möchtest das eine oder andere ändern? Du profitierst mehr von Videos oder wenn du etwas hörst? Dann ist dies deine Chance: In Anlehnung an dieses Buch habe ich einen Onlinekurs erstellt mit dem Ziel, das Gelesene zu vertiefen und in die konkrete Umsetzung zu kommen.

In über 5 Stunden Videomaterial, aufgeteilt in 44 überschaubare Einheiten – teilweise mit ausdruckbaren Worksheets – bekommst du noch mehr Hintergrundwissen und Impulse zur Umsetzung der vorgestellten Methoden. Eine geschlossene Facebookgruppe dient dir zum Austausch und hilft bei Fragen oder Schwierigkeiten.
»Leben und Wachsen mit Kindern – Power für dich und dein Kind« führt dich in die notwendige Leichtigkeit im Umgang mit deinen Kindern und dir selbst. Du wirst dich und deine Kinder neu verstehen lernen. Denn: Jedes Verhalten hat seinen Grund. Das Verhalten deiner Kinder und dein eigenes. Über das Verstehen werden Handlungsimpulse sofort klar und du findest zu Stärke und Selbstsicherheit. Deine Kinder werden den Unterschied deutlich spüren. Power pur – für dich und dein Kind!

Denn glückliche und gelassene Eltern sind die beste Voraussetzung für glückliche und gelassene Kinder.

Erfahre mehr unter: www.kurs.gunda-frey.com

Damit Beziehungen in der Familie gelingen

Dieses Grundlagenwerk erklärt umfassend, was für die Beziehungen innerhalb der Familie heute entscheidend und förderlich ist. Es vermittelt, wie Kinder die Schlüsselkompetenzen erwerben, die sie für ihr Leben brauchen. Über die Eltern-Kind-Beziehung hinaus werden hier alle wichtigen Themen rund um Familie, Partnerschaft und Beziehungskompetenz behandelt.

 www.koesel.de

Wenn Erziehung wegfällt, hat Beziehung Platz

»Kinder müssen lernen zu hören« ... wirklich? Viele Erwachsene glauben, um Kinder auf das Leben vorzubereiten, müsse man erzieherischen Druck ausüben. Doch dieses Buch zeigt ganz konkret, wie Zusammenleben und -lernen mit Kindern ohne Bestrafungen gelingt.

www.koesel.de